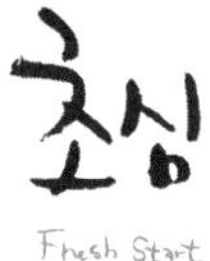

초심

Fresh Start

초판 1쇄 발행 2008년 6월 2일
초판 15쇄 발행 2016년 7월 8일

지은이 홍의숙
펴낸이 김선식

경영총괄 김은영
마케팅총괄 최창규
콘텐츠개발1팀장 류혜정 **콘텐츠개발1팀** 한보라, 박지아, 봉선미, 김희연
마케팅본부 이주화, 정명찬, 이상혁, 최혜령, 양정길, 박진아, 김선욱, 이승민, 김은지
경영관리팀 송현주, 권송이, 윤이경, 임해랑, 김재경

펴낸곳 다산북스 **출판등록** 2005년 12월 23일 제313-2005-00277호
주소 경기도 파주시 회동길 37-14 2~4층
전화 02-702-1724(기획편집) 02-6217-1726(마케팅) 02-704-1724(경영관리)
팩스 02-703-2219 **이메일** dasanbooks@dasanbooks.com
홈페이지 www.dasanbooks.com **블로그** blog.naver.com/dasan_books
종이 한솔피엔에스 **출력 · 제본** 갑우 **후가공** 이지앤비 특허 제10-1081185호

ISBN 978-89-93285-03-1 03320

- 책값은 표지 뒤쪽에 있습니다.
- 파본은 본사와 구입하신 서점에서 교환해드립니다.
- 이 책은 저작권법에 의하여 보호를 받는 저작물이므로 무단 전재와 복제를 금합니다.

다산북스(DASANBOOKS)는 독자 여러분의 책에 관한 아이디어와 원고 투고를 기쁜 마음으로 기다리고 있습니다. 책 출간을 원하는 아이디어가 있으신 분은 이메일 dasanbooks@dasanbooks.com 또는 다산북스 홈페이지 '투고 원고'란으로 간단한 개요와 취지, 연락처 등을 보내주세요. 머뭇거리지 말고 문을 두드리세요.

초성

Fresh Start

홍의숙 지음

다산북스

첫 마음을 되새기는 거울, 초심

'초심初心'이란 무엇일까?

사람들은 보통 위기상황에 처하거나 일이 잘 풀리지 않을 때에는 "그래, 초심을 잃지 말자" "초심으로 돌아가는 거야"라는 말을 한다. 이는 아마도 어떤 일이든 순수한 마음으로 시작했고 자신의 저력과 긍정적인 생각을 가졌던 그 출발점에 대해 일깨우고자 하는 바람에서 하는 말일 것이다.

그렇다면 이 글을 읽고 있는 독자들은 어떤 이유로 《초심》이라는 책을 집어 들었을까? 그리고 나는 왜 무엇을 위해 이 책을 쓴 것일까?

요즘 신문을 보면 새 정부 출범과 함께 인사이동도 많고, 기업에서도 비전과 목표를 새로 설정하고 방향을 전환하는 등 꽤 분주히 움직이고 있는 사회 모습을 느낄 수 있다. 무엇보다 경제를 살리고자 하는 우리의 염원에서 새 정부가 힘차게 출발했고 정부 역시 기업 지원을 위해 다양한 정책을 마련하고 있는 것으로 알고 있다. 그러나 정책이 과연 당면하고 있는 모든 문제들을 해결해주리라 기대할 수 있을까?

해외자료를 비롯하여 각종 자료를 살펴보면 신생기업과 10년 이상 현존하는 기업은 성장률이나 사회기여도 면에서 큰 차이를 보이고 있다. 국내에 3백만 개의 기업이 있으나 99%가 중소기업이다. 그중에서도 5인 이하의 기업이 80%를 차지한다고 한다. 또 기업을 운영한 지 5년 이내에 매각하는 비율이 43%에 이르고 있다.

그중에서도 특히, 중소기업의 CEO들이 겪는 아픔과 좌절은 이루 말로 표현하기 어려울 정도이다. 그리고 이러한 중소기업의 현실이 우리 사회에 미치는 영향 또한 매우 클 수밖에 없다.

실제로 중소기업에 근무하는 직원의 만족도는 50% 이하이고, 직원들의 근무태도에 만족하는 경영자는 20% 미만이라는 결과를 접한 바 있다. 기업을 경영하고 있는 분들을 만나보면 대기업보다 앞서 훌륭한 기술력과 아이디어를 가지고 벤처회사를 만들지만 우리 사회에 좀더 가치 있는 토대를 마련하고 싶은데 함께할 사람이 없다는 이야기도 자주 듣는다. 다음은 실제로 기업을 경영하는 분들께 직접 들은 이야기다.

"텅 빈 사무실에서 혼자 컵라면과 김밥으로 끼니를 때울 때가 많다. 오늘은 일요일이라 직원들은 아무도 나오지 않았다. 사장 혼자 나와 지난 1/4분기 점검을 하며 한숨을 쉰다. 2/4분기에는 더 나아져야 할 텐데……. 지불해야 할 돈은 많은데 은행 잔고는 턱없이 부족하고, 언제까지 경영을 할 수 있을지 솔직히 자신이 없다."

"요즘 불량률이 낮아지지 않아 걱정인데 이 책까지 독파하면 현재 발생하는 공정상의 에러를 잡아낼 수도 있을 것 같다. 어쩌면 오늘 밤도 책을 읽으며 꼬박 새우게 될지도 모르겠다는 생각을 하다가 문득 직원들은 왜 아무도 이 상황에 대해 문제의식을 갖고 있지 않은지 이해가 되지 않는다. 해결하려고 노력하는 사람도 보이지 않는다. 내가 직접 이렇게 하는 것이 과연 잘하는 것일까?"

“회사를 창립하면서 ‘우리는 다른 회사와 다르게 일하자’ ‘서로 친구같이 믿고 어떤 상황에서든 최선을 다하여 즐겁게 일하자’ ‘우리에게 오직 달려갈 길만이 있을 뿐이다’ 하며 전의를 다졌다. 마치 삼국지에서 도원결의를 하던 사람들처럼 충성을 맹세하며 모든 어려움을 함께하겠다고 다짐했던 그들이 이제 나의 등 뒤에 칼을 들이대고 있다. 적자를 벗어나 이제 간신히 먹고사는 상황인데, 앞으로 가야 할 길이 먼데 직원들은 서로 파워 게임을 하며 회사를 엉망으로 만들고 있다. 이런 회사가 몇 년이나 존속할 수 있을까?”

이것은 단지 중소기업 CEO들이 겪는 갈등과 어려움의 일부분일 뿐이다. 하지만 처음 그들이 기업을 시작했을 때는 어땠을까? 어떤 마음으로 회사를 세우고 직원들을 선발하며, 기업을 이끌었을까?

대부분의 CEO는 영속기업을 꿈꾼다. 영속기업으로 가는 과정 동안 그들은 무수히 많은 갈등과 고난을 피할 수는 없을 것이다. 그렇다면 피할 수 없는 중요한 갈등을 현명하게 극복하기 위해서는 어떻게 해야 할까? 이때 필요한 것은 ‘처음 가졌던 첫 마음’, 즉 ‘초심’을 다시 떠올리며 돌이키는 것이리라.

이 책의 주인공 최강민(가명)은 필자와 7년 전에 코치와 피코치 관계로 인연을 맺게 되었고 책을 통해 새롭게 탄생시킨 인물이다. 현실에서 한 기업의 CEO인 그는 사람들과의 갈등, 또 고난을 겪으며 힘든 순간도 많았지만, 그 모든 것들을 이겨내고 끊임없이 도전하는 모습을 보며 어디에서 그런 힘이 나오는지 참 대단하다는 생각을 했다. 그것은 '어떤 상황에서도 자신이 처음 가졌던 꿈'을 잃지 않은 데서 나오는 열정이었다. 이것이 바로 '초심'이다. 벼랑 끝에 몰렸던 한 사람이 다시 일어서는 과정을 보며 많은 사람들이 '초심'을 통해 용기와 꿈을 다시 찾을 수 있기를 진심으로 바란다.

마지막으로 이 책을 손에 든 모든 이들이 자신이 하고 있는 일과 상황에 대해 잠깐 멈춰 서서 거울을 보며 첫 마음을 되새겨보는 계기가 되기를 소망한다.

함께 희망을 나누고 싶은 홍 의 숙

잃어버린 초심을 찾기까지

우리는 태어나는 순간부터 수많은 교육을 받으면서 자란다. 학교 교육을 비롯해 부모님, 형제자매, 또 주변 친구들을 통해 교육을 받으면서 자라지만 성장하면서 많은 난관에 부딪치고, 이 난관을 극복하지 못하고 삶의 끈을 놓아버리는 경우까지 발생한다. 이때 진정으로 나의 이야기를 들어주고 나를 지지해주는 단 한 사람이 있다면, 어떤 난관도 헤치고 나갈 수 있으리라 믿는다. 내게 코칭은 그런 역할을 해주었다.

과거에는 회사를 설립하여 열심히만 하면 돈을 벌 수 있었던 시대였다. 하지만 요즘은 과거의 방식으로 기업을 유지할 수는 있을지 모르겠지만 지속적으로 발전시키는 데에는 한계가 있다. 급변하는 환경은 거친 계곡에서 래프팅을 하는 것처럼 악

조건, 변수가 항상 존재하게 마련이다. 이와 같은 환경에서 지속적으로 성장하기 위해서는 구성원 사이의 커뮤니케이션이 매우 중요한 역할을 한다. 또 목적지를 향해 한 방향으로 나아가기 위해서는 이를 이끌고 갈 수장의 역할이 크다.

나는 스물다섯에 젊은 혈기 하나 가지고 회사를 설립했다. 무조건 열심히 뛰면 성공할 수 있으리라 생각하고 6년을 쉬지 않고 오로지 앞을 향해 달려갔지만 열심히 하면 할수록 막연한 불안감이 엄습했다. 하지만 이를 극복할 수 있는 방법도 모르는 채 더욱 열심히 했다. 하지만 어떻게 해도 불안감은 쉽게 떨쳐버릴 수 없었다. 그래서 하나의 방법으로 교육에 매달렸다. 직원들에게도 교육을 시키며 함께하기를 강요했다. 하지만 그럴수록 안정감을 찾아가는 것이 아니라 더욱 불안해졌다. 직원들 역시 긍정적으로 반응하기보다는 조금씩 엇나간다는 생각이 들었다. 점점 더 직원들과 사장은 가까워지는 것이 아니라 가까워지는 것처럼 보일 뿐, 그 사이에 두꺼운 유리가 서로를 더욱 차단했다. 이런 상황이 지속되면서 회사는 물과 기름처럼 서로 반목하고 시기하는 상황으로 나아가게 되었다. 이 과정에서 회사는 유리 접시가 땅에 떨어져 산산이 부서지는 것처럼 갑자기 중심을 잃고 무너지기 시작했다. 10년 된 회사가 무너지는 속도는 파도가 모래를 휩쓸고 가는 것처럼 한순간이었다. 벼랑 끝에 몰린 그 순간 코칭을 접했다. 그때 홍의숙 대표는 다음과 같은 말씀을 해주셨다.

"사장님께서 현재 처한 이 문제를 극복할 수 있는 방법이 있는데, 저를 믿고 극복하실 생각이 있으신가요?"

지푸라기라도 잡고 싶은 심정에서 해보겠다고 대답은 했지만 내심 불안감에 휩싸일 수밖에 없었다. 10년 동안 열심히 노력하여도 할 수 없었던 것을 믿고 따르기만 하면 극복할 수 있다고 하는 이야기를 100% 믿긴 어려웠다. 하지만 이미 모든 것을 잃어버린 상태에서 더 이상 잃을 것이 없었다.

코칭을 통해 얻은 것도 많고, 또 많은 것을 깨달았다. 직원들과 커뮤니케이션하는 방법, 또 나를 객관적으로 보는 시각, 그리고 무엇보다 내 안에서 아직 춤추고 있는 스무 살의 열정과 첫발을 내딛었을 때의 첫 마음, 초심을 찾았다. 기업을 운영하는 리더, 사회에 막 첫발을 내딛은 젊은이들, 도전을 준비하는 사람, 매너리즘에 빠진 직장인들이 '초심'을 찾고 다시 뛸 수 있기를 진심으로 바란다.

인천에서 최 강 민

멈춰버린 기억

창문 밖으로 비가 내리고 있다. 겨울을 재촉하는 비였다. 어둑어둑해져가는 거리로 불빛들이 점멸하고 있었다. 그 불빛을 보고 있자니 최강민은 13년 전, 처음으로 사회에 뛰어들었던 시절이 떠올랐다.

규모가 크지 않은 신문사의 영업 일이었지만 인정받기 위해 누구보다 열심히 뛰어다녔다. 그런데 어떻게 하다가 여기까지 오게 된 것일까. 그동안 대체 무슨 일이 벌어진 것일까. 아무리 생각해내려 해도 기억은 신문사 시절에 멈춰 있었다. 신문사에서 직장을 옮기기 직전까지의 일만 선명하게 떠올랐다. 애를 써서 그 다음을 떠올려 보려 해도 떠오르지 않았다. 신호를 기다리는 자동차의 기나긴 행렬을 보고 있자니 바로 어지럼증이 느껴졌다. 침대에 다시 누웠다. 최강민은 자기도 모르게 깊은 한숨이 터져 나왔다.

최강민이 쓰러진 이유는 심장질환이었다. 심장혈관 일부가 기형이라는 것도 쓰러지고 나서야 처음 알게 되었다. 의사는 최강민이 그동안 큰 불편 없이 살아온 것만 해도 기적이라고 얘기했다. 게다가 최강민과 같은 유형의 심장혈관 기형은 수술 성공률이 낮아서 평생을 조심하면서 사는 법밖에 없다고 했다.

"심장에는 스트레스와 충격은 독이에요. 아셨죠? 한 번 쓰러지셨으니까 두 번, 세 번은 각오하셔야 합니다. 물론 같은 병명을 갖고도 잘 사시는 분들이 있어요. 그런 분들은 절대 흥분하지 않고, 늘 편안한 마음을 유지하고, 또……."

의사는 최강민이 도저히 지킬 수 없는 것들을 요구하고 있었다. 사업하는 사람이 어찌 흥분하지 않고 살 수 있겠는가. 수많은 고비를 넘어 여기까지 온 강민은 의사가 하는 말을 듣고서 헛웃음만 지을 뿐이었다.

그렇게 벌써 병원에 들어온 지 두 달이라는 시간이 흘렀다. DK는 결국 계약을 파기했고, 중국 공장은 이미 되찾을 수도 없었다. 하지만 이 모든 일도 고 상무와 신 부장의 배신에 비하면 아무것도 아니었다. 어떻게 인간의 탈을 쓰고 그럴 수 있는지 최강민은 도저히 그들을 용서할 수 없었다. 입원하고 나서 그들이 이직한 곳이 현진기기라는 소식을 들었을 때 최강민은 그 지독한 배신감에 치를 떨었다.

현진은 원래 유진테크론의 금형을 설계해주던 회사이고, 유진의 전 사장 친구가 하는 회사이기도 했다. 또 신 부장이 전에 몸담았던 회사였다. IMF 때 부도 직전까지 몰렸다가 최근에 다시 같은 간판을 내걸고 재기에 성공했다는 소식을 풍문으로 전해 들었다. 그런데 최강민이 중국 공장 건으로 넋을 놓고 있는 사이에 바로 그 현진기기로 신 부장과 고 상무가 옮겨간 것이었다. 그것이 다가 아니었다. 한 달 뒤에 최강민은 DK의 물량이 현진으로 넘어갔다는 소식을 전해 들었다. 그 소식을 들은 최강민은 숨통이 막혀오는 것을 느꼈다. DK는 사실 유진테크론이 보유하고 있는 초정밀 몰드베이스 제작기술과 전자부품 충돌을 막는 코팅재 기술 때문에 계약을 했었다. 그런데 고 상무와 신 부장이 현진으로 옮긴 이후에 계약이 넘어갔다는 것은 유진테크론의 핵심 기술도 함께 넘어갔다는 말과 같았다.

의사는 절대안정이 필요하다며 최강민을 병원에 묶어두려 했지만 최강민은 그럴 수 없었다. 지난주에도 몰래 빠져나와 회사에 다녀왔다. 회사는 이미 반쪽으로 두 동강이 나 있었다.

절반의 직원들이 고 상무와 신 부장을 따라 현진으로 옮겨갔다는 것을 전해들은 것이 바로 그때의 일이었다.

사실 최강민은 DK의 물량도, 신기술 유출도 아깝지 않았다. 단지 어려운 시기를 함께 지내며 자신의 온 마음을 내준 사람들이 배신하고 떠났다는 사실이 견딜 수 없을 만큼 고통스러웠다. 꿈에도 그런 생각을 해본 적이 없는 그였기 때문에 충격은 더 컸다. 병원으로 돌아오는 내내 최강민의 머릿속에는 오직 한 가지 생각밖에 떠오르지 않았다.

'더 이상 살고 싶지 않다.'

그랬다. 정말 그 말밖에는 아무 말도 떠오르지 않았다. 허청허청 걸어 병원 앞 횡단보도에 섰다. 차들은 정신없이 달리고 있었다.

'아, 나도 저렇게 달리던 시절이 있었는데 하루아침에 이렇게 주저앉고 마는구나.'

최강민은 순식간에 차도로 달려들었다. 눈을 질끈 감았다.

'이렇게 모든 것이 끝나는구나. 이렇게……'

그때였다. 최강민은 무엇인가 알 수 없는 힘에 몸이 쓸리며 한쪽으로 나뒹굴고 말았다.

"사장님, 정신 차리세요. 사장님!"

비로소 정신을 차려보니 최강민을 내려다보고 있는 것은 영업부 이 대리였다. 입사 2년 만에 영업부의 중요한 일을 도맡아서 해내는 당찬 친구였다.

회사에서 최강민의 얼굴을 보고 안심을 하지 못했던 이 대리는 병원까지 최강민을 뒤따라왔다. 그러다가 도로로 뛰어들려는 최강민을 보고 달려든 것이다. 최강민은 이 대리의 부축을 받아 몇 걸음을 떼다가 간신히 정신을 차리고 이 대리를 밀쳐냈다. 죽지 못해서 고통스러웠고, 죽지 않아서 다행이라는 생각이 들어서 더 고통스러웠다. 그리고 자신의 그러한 모습을 나이 어린 직원에게 들켰다는 생각 때문에 더 괴로웠다. 어쩔 줄 몰라하는 이 대리를 뒤에 남겨두고 최강민은 혼자 병원으로 돌아왔다.

그때부터 시간은 정지해버린 것 같았다. 무엇을 해도 무엇을 먹어도 아무 느낌이 들지 않았다. 창밖으로 비는 계속 내리고 있었다. 조금 전보다 더욱 세차게 퍼붓고 있었다. 지금 이 순간, 최강민은 자신의 외로움이 극에 달했다는 것을 알 수 있었다.

"강민아!"

병실 문이 열리고 누군가 성큼 들어왔다. 처음에 최강민은 그가 누구인지 알아볼 수 없었다. 당연했다. 신문사를 그만두면서 소주잔을 기울인 것을 마지막으로 수년 간 얼굴을 볼 수 없었다.

"조, 종찬이 형?"

"그래, 임마. 나다!"

나종찬이었다.

"형이, 어떻게⋯⋯."

나종찬의 얼굴을 보자 강민은 사회에 첫발을 내딛었던 신문사 시절이 더욱 또렷하게 떠올랐다.

믿을 건 열정 하나

두근두근, 떨림

갑자기 몸이 간질간질했다. 심장이 두근거리면서 얼굴이 달아올랐다. 주체할 수 없을 만큼 벅찬 마음. 이가 앙다물어지고 눈동자가 열렸다. 등줄기가 꿈틀거리고 누가 잡아당기는 것처럼 두 주먹이 위로 솟구쳐 올랐다. 저기 멀리서 커다란 파도가 달려드는 것 같았다. 하지만 까짓 파도가 대수냐. 파도에 온 몸을 적시고만 싶었다. 미친 사람처럼 웃었다. 최강민은 드디어 참았던 한 마디를 토해냈다.

"하하하! 합격이다!"

바로 1분 전, 면접을 본 신문사로부터 전화가 왔다. 고대하고 고대하던 합격통지 전화였다. 강민은 몇 번이나 이름이 맞는지 묻고 또 물었다. 틀림없었다.

최!강!민! 올해 스물다섯 살. 전문대 기계공학과 입학. 1학년을 마치고 현역으로 육군 입대. 3년 간의 군복무를 마치고 작년에 복학. 올 2월 졸업. 그리고 정확히 열세 군데 회사를 지원했지만 번번이 서류에서 탈락. 한 군데 회사에선 1차 면접까지는 올라갔지만 또 2차 면접 탈락. 이 화려한 이력의 소유자 최강민이 드디어 열네 번째 만에 최종으로 합격한 것이다.

'내가 드디어 해냈다!'

이 정도면 온 동네에 고래고래 소리를 지르고 다녀도 서운할 판이 아닌가.

"이놈 자식! 진짜 축하한다."

"그래 고맙다. 첫 월급 타면 근사하게 쏘마!"

"그런데, 취재기자나 교정교열기자는 아닐 테고 무슨 일하는 거야?"

"응?"

순간 최강민은 자신도 모르게 말을 얼버무리고 말았다. 그랬다. 비로소 마음이 진정되면서 아까부터 저 한구석에서 불안하게 꿈틀거리던 생각과 마주하게 되었다. 시골에 계신 부모님께 소식을 알리고, 친구들한테 전화를 돌리는 동안 비로소 현실을 차분히 돌아볼 여유가 생긴 것이다.

신문사 합격. 그게 전부가 아니었다. 정확히는 신문사 '영업부' 합격이었다. 시골 어른들이야 신문사에 합격했다면 기자가 된 줄 아시는 게 당연했다. 마을 입구에 플래카드를 내걸겠다, 마을잔치를 하시겠다며 강민의 아버지는 흥분을 감추지 못했다. 차마 그 기쁨을 빼앗을 수는 없었다.

"그래요 아버지. 술 한번 크게 사세요. 이 큰아들이 돈 다 댈 테니까."

하지만 이 친구는 달랐다. 최강민은 친구마저 속이고 싶지는 않았다.

"실은……, 광고영업이다."

"어? 어, 그렇구나."

잠시 어색한 침묵이 흐르는가 싶더니 친구는 갑자기 목소리를 높였다.

"야, 아무려면 어떠냐? 너만 잘해서 성공하면 되지! 그리고 비즈니스의 꽃은 영업이라고도 하잖아. 암튼 축하한다."

전화를 끊고 강민은 옥탑방 마당으로 나왔다. 친구들은 편입해서 4년제 대학으로 가거나 아니면 취업준비를 하는 것으로 나누어진 상태였다. 운 좋은 녀석들은 인맥을 동원해서 낙하산을 탄 경우도 있었다. 좀 전에 통화를 한 친구도 큰아버지의 주선으로 괜찮은 직장을 잡았다. 하지만 강민에게는 그럴 인맥도 없었고 돈도 없었다. 전문대 다니는 동안 온갖 아르바이트를 전전하며 간신히 학비를 대느라고 고생한 기억밖에 없었다. 학교를 다닌 건지 아르바이트를 하러 다닌 건지 구분이 안 될 정도였다. 그래서 공부를 더 할 생각은 접었다. 그리고 솔직히 말하면 아직까지 실력도 갖추지 못했다. 서류전형도 통과하지 못할 정도로 자기관리도 하지 못하고 무작정 사회에 뛰어든 것이다. 결국 강민은 눈높이를 낮췄다. 사무직으로 들어가기에는 경쟁력이 없었다. 그동안 뭐하고 살았나 하는 자책 속에 시간을 보내기도 했지만 곧 마음을 바꾸었다. 괜한 자존심만 앞세우다가는 아무것도 안 되겠다는 판단이 섰던 것이다. 어쩌면 그만큼 상황판단이 정확한 것인지도 몰랐다. 자기 분수를 모른 채 시간만 보낼 수는 없었다. 다행히 다른 건 몰라도 한 가지만은 자신할 수 있었다.

'나 최강민, 빽도 실력도 없다. 하지만 아직 젊다. 나에게는 아직 누구에게도 보여주지 못한 열정이 있다! 믿을 건 이 열정뿐이다! 그렇다면 답은 뻔했다. 남들이 꺼리는 일부터 몸으로 부딪쳐 나가자!'

그래서 결정한 선택이 광고영업이었다.

"그래, 남들이 뭐라 해도, 나는 내 길을 간다. 맨 밑바닥. 그러면 뭐 어때. 여긴 결승점이 아니라 단지 출발선이잖아. 나는 널 믿어. 최강민!"

그가 사는 옥탑방 밖으로 도시의 야경이 펼쳐지고 있었다. 최강민은 크게 심호흡을 했다. 그래, 이제 시작이다. 오늘을 기억하자. 이날의 따뜻하고, 뭔가 일어날 거 같은 공기를 기억하자. 그리고 최선을 다해 앞으로 나아가는 거다!

뜻밖의 호출

"아, 최강민 씨인가요? 저기, 거기 앉아서 잠시만 기다리실래요? 잠깐만요."

새로 산 양복은 흠잡을 데가 없었다. 어제 머리도 깔끔하게 자르고 아침에는 다른 날보다 신경 써서 면도도 했다. 여자친구가 사준 향수도 살짝 뿌렸다. 그런데 웬일일까. 여직원은 '최강민'이라는 이름을 듣자마자 조금 놀라는 표정으로 강민의 얼굴을 다시 한 번 쳐다보았다. 그러더니 급히 어딘가로 전화를 걸었다. 강민은 왠지 마음이 불안해졌다.

'혹시 신입사원 오리엔테이션 날이 바뀌기라도 했나? 개학 날을 잘못 알고 학교에 등교한 아이처럼 나만 회사에 나온 건가?'

이런저런 생각을 하던 강민의 얼굴에는 이내 웃음이 터져 나왔다. 그런 말도 안 되는 일이 생길 턱이 없었다.

'내가 최고 점수라도 받았나? 그래서 나를 보고 저렇게 놀란 건가?'

최강민은 여직원을 보며 싱긋 웃어 보였다. 여직원은 잠시 놀란 듯 어색하게 미소를 지었다. 어찌되었든 기분 좋은 상상 쪽이 훨씬 낫다는 생각을 하며 소파에 앉아 기다렸다.

잠시 뒤 여직원이 강민을 인사부장의 방으로 안내했다. 면접 때 강민에게 여러 가지 날카로운 질문을 던진 바로 그 간부였다. 면접 때 최강민은 제대로 대답을 하지 못하고 허둥거렸다. 그래서 면접 보고 나왔을 때는 떨어진 줄로만 알고 있었던 것이다. 조금 긴장한 채로 인사를 하고 부장 앞에 앉았다.

부장은 악수를 건네고는 잠깐 뜸을 들이는가 싶더니 말을 꺼냈다.

"사실, 문제가 좀 있네."

최강민은 고개를 갸우뚱거리며 부장을 쳐다보았다.

"미안하네만, 착오가 있었던 모양이야."

강민은 영문을 알 수 없었다.

"담당직원이 채점표 점수를 잘못 합산했는지 정작 합격시켜야 할 사람은 떨어뜨리고 자네가 합격이 되었네. 우리도 합격

통보를 한 다음에야 이 사실을 알았지, 뭔가.”

강민은 부장이 무슨 말을 하는지 알아채는 데 시간이 좀 걸렸다. 짧은 시간 동안, 최강민의 머릿속에는 수많은 생각이 스쳐지나갔다. 그러고는 조금씩 상황파악이 되었다. 무엇보다도 크게 실망할 아버지, 어머니, 여자친구의 얼굴이 떠올랐다. 최강민은 부끄러움에 점점 얼굴이 달아올랐다. 잠시 동안 부장 역시 아무 말이 없었다.

“제가, 제가…… 왜 떨어진 건가요?”

부장은 소리 없는 칼을 휘두르듯 조용히 입을 열었다.

“광고영업이라는 게 사람을 많이 만나고 설득하고 내 편을 만들어야 하는 일 아닌가? 그러려면 우선, 열정과 패기가 있어야 하는데……. 그게 없는 사람을 어떻게 쓰겠나?”

부장의 말이 비수가 되어 강민의 가슴에 박혔다.

“하지만 우리도 책임은 있으니까 일단 자네한테 한 번 더 기회를 주기로 했네. 신입사원 교육부터 실습까지 참여할 수 있는 시간은 한 달이네. 그 안에 자네가 이 회사에 꼭 필요한 사람이라는 걸 증명해보게.”

어느덧 교육을 받기로 한 일주일이 지나 있었다. 여러 가지 프로그램들이 있었고 강민에게는 모든 것이 다 새로웠다. 그리고 무엇보다도 재미있었다. 하지만 인사부장의 말은 계속 그의 머릿속에서 떠나지 않았다. 그 말이 약이 되었는지 강민은 더욱 정신을 바짝 차리고 교육에 참여했다. 신기하게도 비수가 꽂혔던 마음 한복판에서 오기가 피어오르고 있었다.

'그래, 제대로 해서 내 실력을 보여주자.'

그러기 위해서는 조금이라도 남들보다 열심히 해야겠다는 마음이 솟았다. 교육 삼일 째를 넘기면서 긴장감이 떨어졌는지 다른 동기들은 연신 하품을 하고 딴청을 부리기 시작했다. 하지만 강민은 달랐다. 아침 교육 시작 시간보다 30분을 먼저 나와 미리 교육 과정을 읽어두었고 교육 중에도 쉽게 한눈을 팔 수가 없었다. 휴식 시간에도 강사에게 질문을 던지는 것을 잊지 않았다. 다른 사람이 어떻게 보든 최강민의 면접은 여전히 진행 중이었던 것이다. 그렇게 해서 7일 간의 교육이 끝났다.

"자, 우리 마무리로 거국적으로 술 한잔해야죠?"

누가 먼저라고 할 것도 없이 입사 동기생들끼리 단합을 다진다는 이유로 술자리가 만들어졌다. 서로 나이가 비슷한데다가 그동안 얼굴들을 익혀 거리감은 쉽게 사라졌다.

"최강민 씨죠? 전 나종찬이라고 합니다."

고개를 돌리자 평소에도 웃는 인상이 좋아 기억에 남았던 동기 한 사람이 술잔을 든 채 악수를 청해왔다.

"아, 예."

최강민은 어색하게 그의 손을 잡고 인사를 나누었다.

"스마일!"

나종찬은 강민을 쳐다보며 난데없는 주문을 했다. 최강민은 영문을 모르겠다는 표정으로 나종찬을 바라보았다.

"한번 웃어 보시라니까요."

최강민은 나종찬의 기세에 눌려 자기도 모르게 그 말을 따랐다.

"에이, 어색하다. 더 스마일."

최강민은 자신이 지금 무슨 짓을 하는 건가 싶은 마음이 들면서도 결국 나종찬의 말을 따라 이빨을 드러내며 웃어 보였다. 나종찬은 덩달아 웃으며 박수를 쳤다.

"하하하. 우리 기수 사이에서 강민 씨 별명이 뭔지 알아요? 독사잖아요. 몰랐죠? 그런데 이렇게 멋진 미소를 갖고 있었으면서 왜 안 보여줬어요? 웃으니까 보기 좋네."

순간 최강민은 종찬을 다시 쳐다보았다. 두툼하고 복스러운 콧방울, 선한 눈빛이 눈에 들어왔다. 태연하게 웃으며 던진 말인데 나종찬의 말은 강민에게 작은 충격을 주었다. 기억을 떠올려보니 쉬는 시간에도 웃음소리가 터져나오는 쪽에서는 나종찬이 있었다. 하지만 강민은 달랐다. 애써 외면하며 교재를 보는 쪽을 택했다. 다른 동기들과 이야기를 나누는 시간조차 아까웠던 것이다. 정말 그렇게 보였는지도 모른다. 독이 잔뜩 오른 독사처럼.

하지만 어쩌면 그의 말이 맞는 것 같았다. 광고영업이라는 게 사람을 사귀는 일이라면 최강민은 자기 공부의 목적을 정확히 모르고 있었다. 큰 틀을 보지 못하고 무조건 눈앞에 주어진 것만 수행하느라고 발버둥을 친 것이다. 어디로 가야 할지, 어디가 목적지인지도 모른 채 무조건 열심히 노만 젓고 있었던 셈이다. 그러니 당연히 표정이 굳고 행동이 굳어서 다른 사람에게는 틈을 주지 못했을 터이다. 물론 아직 합격이 아니라는 생각에 무의식적으로 다른 동기들을 멀리했을 수도 있었지만 그럴수록 더욱 앞을 내다보는 지혜가 필요했는지도 몰랐다. 강민은 왠지 긴장감이 풀어지는 것을 느꼈다.

"저기, 제가 형님이라고 불러도 될까요?"

나종찬은 무슨 말이냐는 표정으로 강민을 바라보았다. 하지만 곧 최강민의 마음을 읽은 것 같았다. 환하게 얼굴 표정이 풀어지며 고개를 끄덕였다.

"뱀한테 독이 풀렸네? 하하. 이제 좀 인간다워 보인다! 여기에서 제가 나이도 제일 많으니까 진짜 형 맞아요. 아니, 맞아! 그래, 우리 형, 동생 하자. 자 그런 의미에서 건배. 그리고 우리 광고영업팀을 위해 또 건배! 제대로 한번 뛰어보자고. 아, 오늘 기분 좋네!"

"예, 저도 좋습니다!"

강민은 일주일 만에 처음으로 사람들 앞에서 제대로 된 웃음을 웃을 수 있었다. 아직 '면접 진행 중'이라는 비밀은 간직하고 있었지만 모든 일에 한 발짝 물러나 생각하기로 했다. 그래야 전체 그림이 그려질 테니까. 그동안 긴장되어 있던 근육들이 천천히 풀리는 게 느껴졌다. 비로소 열두 명 동기들의 얼굴이 하나하나 눈에 들어오기 시작했다. 강민은 이제야 씩씩하고 뚝심 있는 원래의 자신으로 돌아온 것 같았다.

아이는 어떻게 어른이 될까?

강민은 나종찬의 얼굴을 보자 동시에 그와 함께했던 사회 초년생 시절로 빠져들어갔다가 다시 병원에 있는 현실로 돌아왔다.

10년이 훨씬 지나 다시 만난 최강민과 나종찬은 서로 부둥켜안고 크게 웃었다. 세월이 흐른 지금에도 나종찬의 얼굴에는 여전히 여유가 묻어났다. 그동안 자신의 분야에서 비교적 큰 실패 없이 착실하게 성장해왔다는 것을 짐작할 수 있을 만큼 연륜과 자신감이 느껴지는 얼굴이었다. 예상대로 그는 이름만 대면 알 만한 제약회사의 영업이사로 있었다. 최강민이 회사를 떠나고 나종찬도 곧이어 회사를 그만두었다고 한다. 그리고 원래 하고 싶었던 제약회사 영업 쪽으로 뛰어들었다. IMF 때 어려움을 겪기는 했지만 운이 좋아서 좌초하지 않고 살아남을 수 있었다고 말할 때, 최강민은 나종찬이 마냥 부러웠다.

"내가 다른 사람은 몰라도 네 소식은 계속 궁금했었다. 이 녀석, 어떻게 잘 해나가고 있나, 그래 잘 해나가고 있을 거야. 그렇게 야무지게 제 꿈을 설계하던 놈이었으니, 나보다 더 잘하고 있을 거야. 그런 생각이었지."

나종찬의 말에 최강민은 더욱 부끄러워졌다.

신문을 보다가 중소기업 동정란에서 우연히 강민의 소식을 접하게 된 나종찬은 수소문을 해 부랴부랴 병원까지 찾아온 것이다.

"힘들지?"

최강민은 그 한마디에 다시 무너졌다. 하지만 자존심 때문에 입술에 힘을 주고 이를 앙다물었다. 하지만 벌겋게 충혈된 눈은 속일 수가 없었다. 강민의 어깨가 들썩이기 시작했다. 아무 말도 하지 않고, 둘은 한참을 그렇게 앉아 있었다. 강민은 무엇보다 자존심이 상했다. 하지만 도무지 들썩임을 멈출 수가 없었다. 강민의 들썩임이 비로소 가라앉았을 때, 나종찬은 천천히 말을 꺼냈다. 한참을 최강민을 위로하며 나종찬은 이런저런 얘기를 들려주었다. 모두 최강민이 마음을 다잡을 수 있게 도

외주려는 말들이었다. 하지만 강민에게는 쉽게 다가오지 않는 말들이었다. 그냥 멋모르는 사람의 속 좋은 위로에 불과했다. 강민은 이상하게 자신이 더 초라해지는 것을 느꼈다.

"모르겠어요. 그냥 이제 더 이상 마음이 안 생겨. 그냥 이렇게 살다가 가지, 뭐."

나종찬은 약간 충격을 받은 얼굴로 강민을 바라보았다.

"예전의 독사는 어디 갔어? 너 진짜 많이 변했다."

"……."

갑자기 둘 사이에 어색한 분위기가 감돌았다. 나종찬은 헛기침을 몇 번 하더니 옷매무새를 가다듬었다. 그러고는 지갑 속에서 명함 한 장을 꺼냈다.

"강민아. 너 코칭 한 번 받아봐."

"코칭?"

강민은 처음 듣는 '코칭'이라는 말이 낯설게 느껴졌다.

종찬이 다녀가고 얼마 지나지 않아 퇴원한 강민은 회사로 바로 향했다. 다시 회사로 출근한 첫 날, 손수 자신의 책상에 쌓인 먼지를 닦아내야 했다. 누구에게도 알리지 않고 갑작스럽게 출근을 했기에 회사에서도 아무 준비가 없었던 것이다. 허겁지

겹 생산과장과 영업과장이 달려왔다. 고 상무와 신 부장이 절반에 가까운 직원들을 데리고 나가는 바람에 회사에 간부라고는 이제 이들 둘밖에 남아 있지 않았다. 악수를 했지만 강민은 자신의 손에 전혀 힘이 들어가지 않는다는 것을 알 수 있었다. 오전 내내 두 달 동안 밀린 서류들을 검토해야 했다. 최강민은 씁쓸한 웃음을 지으며 각종 공문서를 살펴보다가 그냥 휴지통에 구겨 넣었다.

점심시간에는 구내식당에서 밥을 먹었다. 직원들의 얼굴을 보니 모두 우울해 보였다. 왠지 강민은 사람들이 자기를 피하는 것처럼 느꼈다. 하지만 무엇보다도 강민 역시 다른 직원들과 쉽게 눈을 맞출 수 없었다. 식당 안의 분위기는 무겁게 가라앉아 있었다. 그는 서둘러 식사를 끝내고 다시 사장실로 돌아와 회전의자에 깊숙이 몸을 기대고 한숨을 쉬었다. 그리고 다시 일어나서 거울을 바라보았다. 거울 속에는 비쩍 마른 얼굴을 한 초라한 사내가 서 있었다. 얼굴빛은 거의 흙빛에 가까웠다.

'이제 뭘 어떻게 해야 하지. 내가 뭘 할 수 있지?'

늦겨울의 햇살이 비치고 있었다. 계절은 이제 봄을 준비하고 있는데 최강민의 마음은 한없는 나락으로 빠져드는 것 같았다.

그때였다.

"사장님."

영업과장이었다.

"손님이 오셨는데요?"

예전 같으면 손님이 방문했을 때 그가 누구인지 미리 알고 준비하고 있을 최강민이었다. 하지만 지금은 그럴 힘도, 의욕도 없었다. 사실, 찾아올 사람도 없었다.

"안녕하세요. 처음 뵙겠습니다."

거기엔 처음 보는 여성이 서 있었다.

"누구시죠?"

"처음 뵙겠습니다. 위드코칭의 송지숙입니다."

"누구요?"

"나 이사님 소개로 지난주에 통화했던 송지숙입니다."

자신을 송지숙이라고 소개한 여성은 시종일관 여유롭고 환한 미소를 잃지 않고 강민을 바라보고 있었다.

강민은 '나 이사'라는 말을 듣고 비로소 지난주 통화를 기억해냈다. 나종찬의 소개로 만나기로 했던 위드코칭의 대표가 바로 송지숙이었다. 나종찬이 강권하는 바람에 어쩔 수 없이 통화까지 하기는 했지만 직접 방문을 받고 보니 귀찮다는 생각뿐이었다.

'코칭? 코칭이라고?'

비로소 코칭이라는 단어가 강민의 머릿속에 떠올랐다. 나종찬이 하는 말을 건성으로 들었기 때문이었는지 잘 생각나지 않았다. 생각나면 또 뭐가 달라지겠는가. 지금 이 상황에서 자신에게 도움을 줄 수 있는 것은 아무것도 없을 것이라는 절망적인 생각이 들었다. 사람들이 자신을 그냥 내버려뒀으면 하는 것이 최강민의 솔직한 심정이었다.

"아, 송 대표님. 죄송합니다. 제가 다음에 다시 연락을 드리면 안 될까요? 오늘은 도저히……."

어느새 영업과장은 나간 뒤였다. 강민의 목소리가 힘없이 허공에 부서졌다. 송 대표는 최강민의 말에 전혀 당황하지 않고 오히려 그럴 줄 알았다는 표정으로 가볍게 고개를 끄덕이고 있었다. 여전히 여유 있으면서도 부드러운 미소와 함께 대답했다.

"그럼 제가 준비한 선물만 드리고 가겠습니다. 이걸 보시고 연락 주세요. 그럼 그때 다시 약속을 잡기로 하지요."

송지숙은 우편엽서가 들어갈 만한 작은 봉투 하나를 강민에게 내밀고는 조용히 사장실 밖으로 나갔다.

밤이 되어서야 최강민은 송 대표가 준 봉투를 열어보았다. 집에 들어가 아내에게 양복 상의를 건네줄 때, 툭 소리를 내며 봉투가 떨어졌다.

"여보, 이거 뭐예요?"

최강민은 그제야 송 대표가 건네 준 봉투를 열어보지도 않고 양복 안주머니에 넣고 왔다는 것을 알았다.

"아, 그거. 별거 아냐. 그냥 버려."

강민은 넥타이를 풀면서 무심히 아내에게 말했다. 샤워를 마치고 밖으로 나왔을 때 아내가 말을 건넸다.

"이거 당신이 한 번 읽어봐야 할 것 같은데요?"

아내는 다시 좀 전의 봉투를 강민에게 건넸다. 어서 열어보라는 표정이었다. 최강민은 모든 것이 귀찮았다. 그냥 사무실에서 버렸어야 했는데 집에까지 들고 들어온 것이 잘못이었다. 하는 수 없이 소파에 앉아서 봉투를 열어보았다.

그런데 제일 먼저 눈에 띈 것은 사진이었다.

강민은 사진을 보고는 의아했다. 처음에는 무슨 사진인지 알 수 없었다. 그냥 검은 바탕에 희미한 한 개의 점이 허공에 떠 있는 것 같은 사진이었다. 하지만 곧 무엇인지 알 수 있었다. 그것은 바로 태아의 초음파 사진이었다.

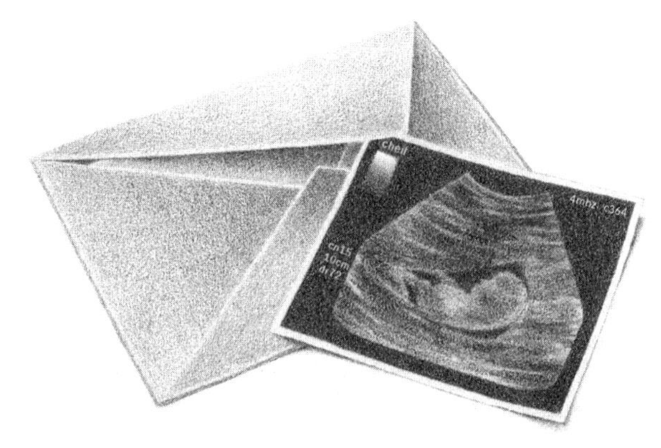

"이게 뭐야? 왜 이런 게 여기 들어있지?"

최강민은 영문을 알 수 없다는 표정으로 사진과 아내를 번갈아 바라보았다. 아내는 봉투 안에 편지까지 읽어보라고 일러주었다. 깔끔하고 정갈한 글씨로 송 대표가 손수 쓴 편지였다.

●● 최강민 사장님께

최강민 사장님. 위드코칭 송지숙입니다. 사진 보고 많이 놀라셨죠?

제가 질문을 하나 해도 될까요? 아이는 어떻게 어른이 될까요?

너무 평범하고 쉬운 질문인가요? 그런데 우리는 때로 이 평범한 질문에 대한 답을 잊고 사는 게 아닌가 싶어요.

아이는 고통을 통해서 비로소 어른이 된다고 생각합니다. 어떤 사람이건 모두 이 우주 속의 티끌과도 같은 한 점에서부터 시작하지요. 엄마 뱃속에서 이 작은 점으로 출발한 사람이 어떻게 이렇게 어른으로 성장을 할 수 있는지 참으로 생명의 신비란 놀랍기만 합니다. 사람의 성장을 좌우하는 것은 결국 그 사람이 갖고 태어난 성향, 그리고 환경의 영향이겠지요. 부모로부터 물려받은 타고난 성향은 어쩔 수 없다고 한다면 결국 중요한 것은 환경에 어떻게 반응하고 적응하는가 하는 것이 중요한 게 아닐까 합니다. 사람이 자기 힘으로 할 수 있는 부분도 바로 그 부분이고요. 환경이 우리에게 좋은 선물만을 준다면 좋겠지만 현실은 그렇지 않은 것 같습니다. 때로는 견디기 힘든 가혹한 시련을 주는 경우가 더 많지요. 하지만 바로 그 시련을 이겨냈을 때, 우린 비로소 한 명의 성인이 될 수 있는 게 아닐까 합니다.

저는 가끔 생각합니다. 이 지구상의 모든 사람들은 저 희미한 하나의 점에서 출발하여 모두 제 몫을 해나가면서 열심히 살아가고 있다는 사실이 참으로 경이롭다고요.

지금 사장님의 마음이 어떨까 생각해보았습니다. 아마도 외로움이 사장님을 가장 힘들게 하는 것이 아닐까요. 어른이지만 마치 어린 아이가 된 것처럼, 저 작은 점으로 다시 퇴행한 것처럼 이 세상에 사장님 혼자만 남아 있는 것 같은 외로움이 깊은 수렁 속으로 사장님 자신을 밀어 넣고 있지는 않으신지요?

하지만 그 외로움을 어떻게 이겨내야 하는지 그 해답은 아마도 사장님 안에 이미 존재하고 있을 겁니다. 저는 그렇게 믿고 있습니다. 사장님처럼 열정 있고 자신의 일과 직원을 사랑하는 분이 기업을 이끌고 나가지 않는다면 그 어떤 사람이 경영을 할 수 있겠습니까. 현 시점에서 사장님에게 필요한 것이 무엇인지 생각해봅니다. 객관적인 시각으로 회사의 문제를 바라볼 수 있도록 지원할 수 있는 사람이 필요한 것은 아닐까요?

제가 사장님께 힘이 되어 드리고 싶습니다. 하지만 사장님 앞에서 사장님을 이끌어가는 사람이 아니라 어디까지나 사장님 옆에서 '동행하는 사람'이었으면 합니다. 코칭을 통해 새로운 관점을 가질 수 있도록 제가 사장님과 함께하는 '사고의 동반자'가 되고 싶습니다.

송 대표의 편지를 다 읽은 강민은 어리둥절했다.

아무도 나를 믿지 않는다

더 이상 내려갈 바닥이 있을까 싶은 마음으로 하루하루를 버텼다. 회사에 출근을 하기는 했지만 강민은 자신이 무슨 생각으로 사무실에 앉아 있는지 알 수 없었다. 회사를 옮기면서 고 상무는 부사장으로, 신 부장은 기술이사로 승진했다는 소식이 최강민의 귀에도 들어왔다. 수도 없이 고 상무에게 전화를 걸었다. 생각만 나면 버튼을 눌렀다. 그렇게 하여 간신히 한 번 통화를 했다.

"고 상무님. 어떻게 저한테 이럴 수가 있어요?"

"……. 어쨌든 죄송하게 됐습니다."

"죄송요? 지금 그런 말이 나옵니까?"

"미안합니다. 지금 나가봐야 돼서요. 앞으로 다시 전화하는 일이 없었으면 좋겠네요. 그건 신 부장이나 저나 마찬가지입니다."

"여보세요? 고 상무님! 고 상무! 끊지 마. 끊지 말라고!"

최강민은 이미 끊어진 전화기를 들고 악을 썼다.

"사람이 이렇게 변할 수는 없어. 이건 말도 안 돼, 난 어떡하라고. 난……."

DK의 물량은 물론이고 마이크로시스템과의 계약도 중국 공장이 무너지는 바람에 없었던 일이 되었다. 일이 없으니 직원들도 크게 동요하기 시작했다. 이미 고 상무와 신 부장의 경쟁사 이직으로 한 차례 큰 동요가 일어난 뒤였다. 그래서인지 침체된 분위기는 쉽게 되살아나지 않았다. 생산라인은 자주 가동이 중지되었고 어수선한 분위기가 계속되었다. 직원들의 불만도 자꾸만 쌓여갔다. 하지만 사장인 최강민은 아무것도 할 수 없었다. 문제가 무엇이라고 어렴풋이 알고는 있었지만 해결할 방법이 떠오르지 않았던 것이다. 어쩌면 해결할 마음이 없다고 하는 편이 옳은지도 몰랐다.

'그냥 이렇게 무너져도 괜찮은 게 아닐까? 그러면 차라리 내 맘이 편할 텐데. 그래, 차라리 어서 무너져라. 무너질 거면 빨리 끝내버려라…….'

그러던 어느 날이었다.

"사장 만나야 된다니까?"

"어허! 이게 지금 뭐하는 짓들이야? 이런다고 문제가 해결
되나?"

갑자기 우당탕 소리가 나더니 최강민의 방으로 남자 서넛이
쏟아지듯 들이닥쳤다. 최강민은 그 자리에서 일어났다. 직원들
두 명이 최강민을 노려보고 있었다. 그들을 말리려던 이 대리
가 그들을 몰아내려 했지만 역부족이었다. 강민은 눈짓으로 이
대리에게 물러서라는 표시를 했다.

"사장님! 우리 이제 어떻게 되는 겁니까?"

직원들은 상기된 표정으로 강민에게 따지듯 물었다. 어디서
술이라도 한잔 걸치고 왔는지 소주 냄새가 훅 끼쳤다. 평소 같
았으면 상상도 할 수 없는 상황이었다.

"걱정하지들 말아. 우리 유진이 이깟 일로 주저앉을 것 같아?"

직원들을 향해 말은 그렇게 했지만 최강민의 목소리에는 힘
이 하나도 없었다.

"거짓말 마세요. 지금 누굴 속이려고 그래요? 이미 소문 다
났다고요. 사장님, 회사 망해가니까 살던 집까지 팔아서 그 돈
으로 중국에 집까지 사 뒀다면서요? 자기 살길은 다 마련해놓

고, 우리 직원들은 어떻게 돼도 좋다는 거예요. 지금?"

"뭐, 뭐야?"

최강민은 깜짝 놀랐다. 꿈에도 생각해본 적 없는 일이 직원의 입에서 술술 쏟아져 나오니 놀라지 않을 수 없었다. 아마도 중국 공장 때문에 아내와 아이를 데리고 중국에 다녀왔던 일을 이야기하는 것 같았다. 그 일이 이렇게 와전된 것 같았다.

"왜요? 회사 폐업 신고하고 야반도주라도 할 생각이었나 보네요? 그렇게 찔린 얼굴을 하는 걸 보니, 사실인 게 맞죠? 힘들 때마다 조금만 기다려라, 기다려라, 말로만 그랬지, 이게 뭐예요? 사장님이 자기 먹고살 생각만 하니까 고 상무님이랑 신 부장님도 떠난 거 아녜요? 이따위 비전도 없는 회사를 우리라고 고분고분 다닐 거 같아요?"

"그러게 말야. 에잇. 어떻게 해서든 고 상무님 따라서 현진으로 갔어야 했는데. 젠장."

옆에 있던 이 대리가 보다 못해 끼어들었다.

"아니, 당신들이 유진 직원 맞아? 어떻게 사장님한테 그런 말을 할 수 있어?"

"왜 못해? 왜 못해? 내 이것들을 싹 고소해버릴까 보다. 직원들한테 거짓말을 해도 유분수지. 고 상무랑 신 부장도 벌써 싹

수를 다 알아보고 뜬 거 아냐? DK, 마이크로시스템 물량 딴 것
도 고 상무님이랑 신 부장님이 기술 개발해서 그런 거지, 사장
이 한 게 뭐 있어? 내 말이 틀려? 틀리냐고? 우리가 그것도 모
르는 바보인 줄 알아?"

"아니 이 사람들이 정말!"

그러고는 상황이 어떻게 전개되었는지 최강민은 정확히 기
억할 수 없었다. 직원들과 이 대리가 서로 엎치락뒤치락 뒤엉
키더니 한 명이 쓰러졌고 곧바로 다른 직원들까지 들이닥쳤다.
누군가 구급차에 실려 떠났다. 남은 직원들도 최강민에게 뭐라
고 소리를 지르며 손가락질을 하고 있는 것 같았다. 최강민은
아무 대답도 하지 못한 채 고스란히 그 소리들을 듣고만 있어
야 했다. 사실 그들이 말하는 소리가 제대로 귀에 들어오지 않
았다. 그러고도 한참 후에야 비로소 상황은 종료되었다. 그 모
든 시간 내내 최강민은 아무것도 하지 못하고 멍하니 지켜보기
만 했다.

바닥을 쳐서 더 이상 내려갈 곳이 없다고 생각했는데, 바닥
밑 저 깊은 곳으로 떨어져 지하실이 있었다. 그것도 끝을 알 수
없는 어둠과 함께였다. 환한 대낮인데도 눈을 떠보면 칠흑 같

은 어두운 밤길을 혼자 걸어가고 있는 것 같았다. 아니 걷지도 못하고 쭈그려 앉아 부들부들 떨고 있을 뿐이었다. 가끔 고 상무와 신 부장의 얼굴이 떠올랐지만 어느새 그들의 얼굴은 불덩어리로 변해 최강민을 에워싸기 시작했다. 그리고 또다시 뜨거운 용암이 되어 최강민의 몸을 녹여버렸다. 정신을 차려보면 용암이 들끓는 구덩이 속에 내던져져 있었다. 온 살갗에 지독한 통증이 느껴졌다. 도저히 쪼그리고 앉아 있을 수가 없었다. 일어서도 고통은 계속되었다. 앉지도 일어서지도 못한 상태로 서서 최강민은 들끓는 용암과 어둠을 견뎌야 했다. 사방에서 기괴한 웃음소리가 들려왔다. 모두 최강민을 비웃고 있는 웃음소리 같았다. 귀를 막아도 소리는 그치지 않았다. 식은땀이 비 오듯 쏟아졌다.

그렇게 최강민은 다시 한 번 쓰러졌다. 응급실에 실려 가면서 최강민은 자신이 죽어가고 있다고 느꼈다. 차라리 의식을 잃은 채 죽었다면 편했을 걸, 그런 생각이 들 정도였다. 다물어지지 않는 입술 사이로 자꾸만 웃음이 터져 나왔다. 하지만 그건 분명 웃음이 아니라 울음이었다.

'누가 내 손을 좀 잡아 줘.'

최강민은 외치고 있었지만 아무도 그 소리를 듣지 않았다.

병실에 앉아 똑똑 떨어지는 링거액을 보고 있자니 유진테크론을 물려주고 떠난 홍두식 사장의 얼굴이 떠올랐다. 홍두식 사장은 실망에 가득 찬 얼굴로 고개를 가로젓고 있었다. 뭐라고 변명이라도 하고 싶었지만 최강민은 아무 말도 할 수 없었다. 홍두식 사장은 쓸쓸한 뒷모습을 보이며 사라졌다. 그리고 다시 몇 개의 얼굴이 떠올랐지만 그들도 곧 공기처럼 흩어졌다.

그때였다. 어느 순간 낯익은 미소 하나가 최강민 앞에 나타났다. 조금 뒤 그 미소는 어떤 여자의 모습으로 변해 있었다. 바로 얼마 전에 만났던 송지숙 대표의 얼굴이었다.

'송, 뭐라고 했는데? 그래 송 대표. 송 코치라고 했지. 제가 사장님 속에 존재하는 그 힘을 찾는데 도움이 되고 싶습니다. 사고의 동반자가 되고 싶습니다……. 그런 말을 했던가.'

최강민은 오랫동안 깊은 생각에 빠졌다.

누구에게나 가장 큰 재산은 자신감 넘치는 열정이다. 청년 시절에 열정이 없는 사람은 노인과 같은 삶을 사는 것과 마찬가지다. 열정 하나만 있으면 못할 일이 없다. 하지만 위기는 언제 어디에서 닥칠지 모른다. 위기에는 위험과 기회가 공존한다. 위기는 자만의 빈틈을 노린다. 계속되는 성공 경험, 큰 성공 경험은 오히려 다음의 성공 혹은 더 큰 성공의 걸림돌이 될 수도 있다. 그릇이 아무리 커도 비워야 다시 채울 수 있듯이 항상 비우는 연습을 해야 한다. 위기가 닥쳤을 때 오히려 지금까지의 자신을 되돌아보는 계기로 활용한다면 위기는 기회가 된다.

어떤 일이든 남들이 어떻게 보는가, 또 어떻게 생각하는가보다는 내가 어떻게 받아들이는가가 중요하다. 모든 일에는 긍정적이고 부정적인 양면이 있게 마련이다. 내가 어느 쪽을 보느냐에 따라 다음 스텝이 달라지고, 마지막에 도달하는 최종 지점도 분명 달라질 것이다. 어려울 때일수록 뒤를 돌아보는 지혜가 필요하다.

2장

롤러코스터

내가 하고 싶은 이야기

"반갑습니다. 꼭 다시 만날 수 있을 거라고 생각했습니다."

송지숙 대표가 사장실로 들어오자마자 최강민은 후회하기 시작했다. 수화기를 들고도 몇 번을 망설이다 전화를 걸었다.

그런데 막상 다시 만나고 보니 적어도 자신의 고민을 들어주려고 한다면 어느 정도 인생 경험이 있어야 하지 않을까 싶은 생각이 들었던 것이다. 그런데 고작 최강민보다 대여섯 살 위로 보이는 송 대표가 강민에게 무슨 말을 해줄 수 있을까 싶었다.

'아, 내가 다급한 마음에 실수를 하고 있는 건 아닐까? 게다가 여자가 아닌가? 기업 경영을 여자가 얼마나 안다고 코칭이란 걸 하겠다는 걸까?'

최강민은 막연하게 그런 생각을 하고 있었다. 최강민의 생각을 알고 있는지, 모르고 있는지 송 대표는 여전히 부드럽고 따뜻한 미소를 머금고 테이블에 앉아 있었다.

"최 사장님. 사람이 사람을 믿는 게 가능할까요?"

송 대표는 불쑥 최강민에게 질문을 던졌다. 강민은 자신의 속마음을 들키기라도 한 듯 깜짝 놀랐다. 송 대표는 다 알고 있다는 표정으로 말을 이었다.

"아마 그것처럼 어리석은 일이 없을 거예요. 그렇죠?"

최강민은 뭐라고 대답해야 할지를 몰라 머뭇거리다 대답했다.

"믿음이 없기에 계약이란 것이 생기고, 서류를 만들고, 도장을 찍고 하는 거겠죠."

"하지만 저는 그런 것 없이 오늘부터 최 사장님을 믿기로 했습니다."

"……."

"오늘부터 코칭이 끝나는 그 시간까지, 사장님이 어떤 말씀을 하셔도 사장님을 믿고 지지할 겁니다. 어때요. 그래도 될까요?"

최강민은 조금 당황스러웠다.

"잘 안 믿어지시죠? 그런데 세상에는 저처럼 어리석은 사람도 있답니다."

송지숙은 살짝 미소를 지으며 말했다.

"정 어렵다면 이렇게 '상상'해보시면 어떨까요? 지금 내 앞에 내가 무슨 말을 해도 다 믿어주는 사람이 한 명 앉아 있구나, 하고요. 그냥 상상해보세요. 그 사람에게는 뭐든지 말해도 괜찮아요. 왜냐하면 그 사람은 사장님을 처음 본 순간부터 아, 이 분은 끝까지 기업을 해야 할 분이구나, 하고 믿어버린 사람이거든요."

최강민은 송 대표의 말을 들으면서 왠지 모르게 마음이 조금씩 움직이는 것을 느꼈다.

"사장님을 그렇게 믿어주는 사람을 처음 만났다면, 제일 먼저 어떤 얘기를 들려주고 싶으세요?"

최강민은 잠시 고민에 잠겼다.

'하고 싶은 이야기를 내 맘대로 정하는 건가? 정말 그래도 되는 걸까? 내가 하고 싶은 이야기, 내가 하고 싶은 이야기.'

"글쎄요, 저를 100% 믿어주는 사람이라면……."

비로소 신문사 시절 이후의 일들이 하나둘 떠오르기 시작했다. 신문사 영업사원을 그만두고 옮긴 곳이 '유진테크론'이었다. 그랬다. 거기서부터 다시 이야기를 시작해야 할 것 같았다.

신문사에서 유진테크론으로 옮기기로 결심했을 때 일이 주마등처럼 스쳐갔다.

인정받는 사람

신문사에 들어오고 눈 깜짝할 사이에 1년 이라는 시간이 흘러갔다. 그동안 여러 가지 일들이 있었지만 무엇보다도 최강민에게 소중한 기억으로 남은 두 가지 일이 있었다. 그중 하나가 최강민이 맡은 지역 업체들의 구인 광고를 실은 일이었다.

하지만 그것보다도 더욱 결정적인 사건은 바로 일주일 전에 일어났다. 최강민이 회사를 옮기기로 결정을 내린 것이다. 거래처 회사인 유진테크론은 금형을 자체 제작해서 삐삐를 비롯한 가전제품 케이스를 만들어 납품하는 회사였다. 사업 확장과 함께 새로운 인재가 필요했던 그 업체의 사장이 강민에게 스카우트 제의를 해왔던 것이다. 어느덧 회사 안에서도 최강민은 떠오르는 유망주로 인정받고 있었다. 한 달에 구두 굽을 몇 개씩 갈아댈 정도로 열심히 뛰어다닌 결과였다. 이제 조금씩 자리를 잡아가는 시점에서 회사를 옮기기로 한 것은 다른 사람들에게는 당연히 위험한 결정으로 보였다.

"갑자기 왜 그래? 팀장님이 너 좀 설득해보라고 나까지 동원했다. 이제 겨우 할 만한데, 그만두려는 이유가 뭐야?"

나종찬과 함께 강민은 회사 근처의 술집에서 소주잔을 기울이고 있었다. 소주에 삼겹살이 전부였지만 오랜만에 갖는 술자리에서 둘은 속마음을 털어놓았다.

"예전엔 사람들 만나는 게 즐거웠었는데, 이젠 업체 방문하는 것도 흥미가 없고, 그러네."

최강민은 자꾸만 우울해지는 마음을 감출 수 없었다.

"뭐야, 너 지금 좀 잘나간다고 내 앞에서 잘난 척하는 거야? 이제 배가 좀 부른 거냐?"

"아냐, 형. 그런 게 아니라니까."

최강민은 담배 하나를 꺼내 입에 물고 불을 붙였다. 그리고 나종찬에게도 하나를 건네주었다.

"형, 내가 기계공학과 나온 거 알지?"

"알지, 잘 알지."

"그게 나한테 별 의미 없는 걸로 알았는데 말이야. 학교 다닐 때도 진짜 신나서 공부한 적이 없었거든. 근데 요즘 생각해보니까 아예 상관없는 건 아닌가봐."

"너 이제 와서 기름밥을 먹겠다고?"

"그러니까 말이야. 모르겠어. 정말. 예전엔 한 번도 그런 생각을 해본 적이 없는데……."

"누가 무슨 공장장이라도 시켜준대?"

"처음엔 영업사원으로 시작해서 회사 사정 좀 알고 나면 1년 뒤에 특채 형식으로 자리를 주겠대."

"그건 1년 뒤에 성과를 보고 직급을 결정하겠다는 말 아냐? 뭐야 그럼. 보장된 게 아무것도 없는 거잖아? 게다가 회사도 영세하고. 넌 뭘 믿고……."

"형은 언제까지 이 일을 할 거야?"

갑작스러운 질문에 나종찬은 무슨 소리냐는 얼굴로 잠시 머뭇거리는가 싶더니 이내 말을 쏟아냈다.

"앞으로 1, 2년은 여기서 더 일해서 경력을 쌓아야지. 그런 다음에 제약 쪽으로 옮기고 싶다. 영업의 3대 꽃이 자동차, 보험, 제약 아니냐? 그만큼 힘들기도 하겠지. 특히 제약 쪽은 의사들을 상대하니까 아는 것도 더 많아야 되고, 공부도 필요하고. 그래서 그쪽이 더 마음에 든다. 영업이 단순히 안면 장사가 아니라 지식 기반의 컨설팅 쪽으로 바뀌어야 한다고 생각하거든. 이쪽으로 새로운 길을 만들어보고 싶다. 그렇게 자리 잡는 데 10년 정도 생각하고 있어. 벌써 공부는 시작했고.”

최강민은 고개를 끄덕였다.

“거봐, 형은 벌써 10년 계획이 서 있잖아.”

최강민은 나종찬의 빈 술잔에 술을 따라주었다.

“일단 뛰어들어서, 뒤처지지 않으려고 애를 쓰긴 했는데, 앞으로 나갈 확신이 없는 상태. 사실 나 계속 그 상태였던 것 같아. 10년 계획은커녕 시간이 지날수록 그날그날 시간 때우기도 바빴어. 남들한테는 들키지 않으려고 애를 썼지만 그것도 힘들어지더라고. 그런데 최근에야 깨달았지.”

최강민은 작은 한숨을 내쉬며 말했다.

“영업은 내가 하고 싶은 일이 아니었어.”

나종찬은 깜짝 놀란 얼굴로 최강민을 바라보았다. 최강민은 태연히 고기를 뒤집으면서 다시 나종찬의 잔과 자기 잔에 술을 따랐다.

“내가 정말 하고 싶은 건 따로 있었어. 매일매일 업체들을 돌면서 공장 기계 돌아가는 소리를 듣고 있으면 왜 그렇게 마음이 편안해지는지, 그때 알겠더라고. 내 손으로 뭔가 만드는 거. 내가 하고 싶은 게 그거구나.”

그랬다. 최강민은 분명 1년 동안 자신이 가진 능력의 최고치를 보여주기 위해서 노력했다. 시작부터 다른 사람들보다 처져 있었던 만큼 그걸 만회할 수 있는 방법은 오로지 묵묵히 일하는 방법뿐이라고 생각했다. 그런데 준비 없이 사회에 뛰어든, 바로 그 후유증이 1년 정도의 시간이 지나자 나타나기 시작한 것이다. 일하다가 멍해지는 경우가 많았고, 전력을 다해야 할 시점에서는 어느덧 바람 빠지는 소리가 들리면서 마음이 도통 움직이질 않았다. 그런데 바로 그 무렵에 받은 스카우트 제의는 최강민의 마음을 흔들어놓기에 충분했다.

“월급도 많이 줄어들 테고, 그렇다고 나중에 보장 받는 것도 없는데, 그래도 기분이 좋았다고?”

최강민은 나종찬을 바라보며 망설임 없이 고개를 끄덕였다.

“난 도저히 너처럼 그렇게 못하겠지만……. 그런데 네가 이해는 된다.”

“일주일 동안 공책 하나를 사서 거기에 장단점을 써봤어. 여기 남을 때의 장단점, 그리고 회사를 옮길 때의 장단점.”

“그래서?”

“역시 옮기는 쪽의 장점이 배는 많았어.”

“아이구, 아예 도장을 찍으시는구만. 내가 오늘 너를 왜 만났는지 모르겠다!”

나종찬은 술을 마시고는 그 잔을 최강민에게 건네주었다.

“너, 내가 지켜볼 거야. 네 결심 얼마나 잘 지켜나가는지.”

“나는 뭐 가만있을 줄 알아. 여기 떠나도 형 소식은 꼬박꼬박 챙길 테니까, 형도 긴장해!”

“그래그래, 서로 눈 부릅뜨고 감시하면서 우리 열심히 해보자. 너나 나나 나중에 어떻게 변해 있을지 궁금해진다.”

둘은 소리를 내 술잔을 부딪쳤다. 최강민은 몇 달 만에 처음으로 마음속이 깨끗하게 정리되는 것을 느꼈다. 밤공기가 달았다.

회사를 움직이는 바퀴

최강민이 유진테크론에 입사하고 1년의 시간이 흐르고 정확히 일주일이 더 지난 어느 날, 유진의 홍두식 사장이 최강민을 불렀다.

"최강민이! 니 날짜 계산 똑바로 했나 안 했나?"

불쑥 치고 들어오는 사장의 말에 최강민은 자신이 무슨 잘못이라도 저질렀는지 영문을 모르겠다는 표정으로 쳐다보았다. 사장의 옆에는 생산부를 담당하고 있는 고 부장이 결재서류를 옆에 들고 서 있었다.

"일마야. 내 니한테 약속 안 했나? 정확히 1년 뒤에 다시 발령 낸다꼬. 그란데 어제 달력을 보니까 약속한 1년에서 벌써 일주일이나 지났데?"

　그제야 최강민은 사장이 화를 낸 이유를 알 수 있었다. 최강민은 짐짓 모르는 척 사장에게 말했다. 옆에 서 있던 고 부장이 슬쩍 미소를 지었다.

　"아, 그야 사장님이 출장 다녀오셨으니까 그런 거 아닙니까?"

　그러자 기다렸다는 듯이 사장은 긴장을 풀고 환해졌다.

　"하하하. 맞나? 맞제? 내 좀 바빴다는 거 니도 알제? 니 그렇게 내 사정 빠삭하게 잘 알고 있으니까 내가 약속 어겼다고 삐치면 안 된다. 알았나?"

　사장의 마음을 모를 최강민이 아니었다. 사장은 처음 최강민을 데려올 때 분명 1년 뒤에는 재발령을 내겠다고 약속했다. 그런데 그 1년이라는 게 그냥 막연히 1년 정도를 의미하는 것은 아니었다. 말 그대로 정확히 '1년 뒤'를 말한 것이다. 사장은 그렇게 정확한 사람이었다. 자신이 한 약속은 무슨 일이 있어도 지키는 그런 사람이었던 것이다. 그리고 바로 그런 점 때문에 최강민은 그를 믿고 이직을 결심한 것이라고 해도 과언이 아니다. 사장은 불쑥 최강민을 불러 자기가 약속을 지키지 못해 미안하다는 말을 이런 식으로 돌려서 말한 것이다. 신용을 최고로 생각할 뿐만 아니라 누구에게든 싹싹한 사장의 마음이 느껴졌다. 그래서 더욱 든든했고 다시 한 번 이직 결정을 잘했다는 생각이 들었다.

"지금까지 영업부에서 니 몫을 120％ 해줬고, 그래서 참 고 맙데이. 최강민이! 다음 주부터 생산 1부로 출근한다. 이제부 터 니가 생산 '주임'이다. 기름밥 제대로 묵을 각오 됐나?"

"예, 사장님. 1년 동안 오늘만 기다렸습니다! 왜 안 불러주시 나 했습니다. 오늘도 안 불러주시면 제가 직접 찾아뵈려고 했 습니다!"

최강민은 목청을 높여 씩씩하게 대답했다. 그리고 주먹을 불 끈 쥐어 보였다.

"하하하. 이래서 내가 니 사랑하는 거 알제? 이제부터 물건 잘 찍으래이! 알았나?"

홍두식 사장은 호탕하게 웃으며 최강민의 어깨를 두드려주 었다. 그리고 옆에 서 있던 고 부장에게 말을 건넸다.

"고 부장, 일마 능력 있다. 잘 키워 봐라. 새롬텔레텍 삐삐 금 형 물량 따낸 것도 이놈아라는 거 고 부장도 잘 알고 있제? 신 문사 영업할 때부터 점찍어 놨었는데 1년을 더 밑바닥에서 굴 리고 이제야 내 옆에 데려왔다. 내도 내지만 직속상관인 니가 꼼꼼하게 잘 챙겨줘야 안 되겠나?"

사장은 이번에는 최강민을 보고 말을 이었다.

“최강민이, 니도 고 부장 잘 모셔야 헌다. 일마는 내랑 이 회사, 같이 만든 창업 공신이다. 고 부장 없었으면 이 회사도 없다. 청계천 공구상가에서 우리 둘이 달랑 기계 한 대 들여놓고 금형 제작할 때부터 기름밥 함께 묵은 놈이 이놈이다. 내 고 부장 집에 밥숟가락 숫자가 몇 개인지도 다 알고 고 부장도 그건 마찬가지다. 고 부장 말이 사장 말이다 생각하고 잘 받들어라. 알았나?”

사장의 말에 최강민은 고개를 끄덕였다. 고 부장도 잘 부탁한다는 표정으로 최강민을 바라보고 있었다.

“그래, 최강민 씨, 아니 이제부터 최 주임이라고 불러야지. 사장님이 얼마나 칭찬을 하시던지 최강민의 ‘최’자만 나와도 무슨 말씀하시려는지 내 다 알 정도가 되었다니까. 새롬텔레텍 물량 수주는 정말 대박이었네. 앞으로 잘해봅시다.”

사장은 기분이 좋은 듯 크게 웃으며 고 부장과 최강민의 손을 쥐어주고 말을 계속 이어나갔다.

“내는 푹푹 쉰 땀내처럼 달콤한 게 없다고 생각한대이. 고 부장 니는 잘 알제? 세상에 그거처럼 정직한 게 어딨노? 느그들이 합심해서 땀 좀 제대로 흘려야 유진이 굴러간다. 느그들 둘이가 우리 회사 두 바퀴들이고 크랭크 축이다, 이 말이다. 무슨 말인지 알제? 내는 내일부터 제 2공장 자리 알아보러 당분간 또 정신없을 테니까 여긴 고 부장하고 최 주임이 맡아서 힘 좀 쓰그라."

하지만 현장의 분위기는 사장이 보여준 태도와는 사뭇 달랐다. 무엇보다도 입사 1년 만에 생산주임 자리를 꿰차고 올라앉은 최강민을 탐탁하게 여기는 사람은 별로 없다는 것이 큰 문제였다. 특히 생산부에서 잔뼈가 굵은 나이 많은 직원들은 대놓고 최강민을 비꼬기 일쑤였다.

"아이고, 나도 누가 스카우트 좀 안 해주나?"

"언니야. 마흔 하고도 여덟이나 먹은 사람을 누가 데려다 쓴다고 그런 소리나?"

"그건 그렇지? 그래도 속에서 열불이 자꾸 나는 걸 어쩌나. 입사 1년 만에 주임이 되면 밥맛도 참 좋을 거야, 그치?"

"그럼! 그렇지."

최강민이 지나가면 꼭 최강민을 겨냥한 듯한 이야기가 들려오곤 했다. 슬쩍 보아도 생산부에서 최고참 노릇을 하고 있는 직원들이라는 것을 알 수 있었다. 그것은 두 사람에게만 해당되는 것이 아니었다. 다른 직원들도 최강민을 놓고 쑥덕거리는 것은 마찬가지였다. 휴게실에 가끔 들르면 최강민이 들어오는 것을 보고 어색하게 눈을 피하고 나가버리는 사람들도 있었다. 처음에는 최강민도 모른 척하고 지나쳤지만 그런 일이 자꾸 반복되다 보니 그냥 있어서는 안 되겠다는 생각이 들었다. 어찌 되었든 실제로 입장을 바꾸어 생각을 한다고 해도 직원들이 박탈감을 느끼는 것은 당연할 것 같았다. 비록 영업을 뛰면서 모두가 인정할 만한 실적을 쌓기는 했지만 누구는 회사에서 4~5년을 넘게 일해야 겨우 승진할까 말까 하는데 남들이 보기에 최강민은 입사 1년 만에 초고속으로 승진을 한 셈이니 그것만으로도 질투심을 일으키기에 충분했다.

'어떻게 해야 할까. 그렇다고 이대로 그냥 놔두면 안 될 텐데······.'

그저 시간이 해결해주기를 바라면서 기다리기에는 문제가 많았다. 우선 상사로서의 위엄이 서지 않았다. 나이가 스물여덟 살밖에 되지 않았으니 평균 10년은 차이가 나는 직원들을 통제하기에는 역부족인 측면이 있었다. 하지만 그렇다고 해서 손을 놓고 있다가는 신임을 얻기는 더욱 힘들어질 것 같았다. 고 부장이 회식 자리를 주선한 적도 있었지만 회식 한 번으로 스무 명이나 되는 생산직원들의 마음은 쉽게 열릴 리가 없었다. 고 부장이 자리를 뜨자마자 사원들은 약속이나 한 것처럼 하나둘 빠져나갔다. 그러더니 나중에는 썰렁한 분위기 속에서 자리가 끝났던 것이다.

"내가 보기에는 말야. 양진숙하고 김선미, 두 사람이 제일 문제인거 같다."

직원들과의 문제로 고 부장을 찾아갔을 때, 고 부장은 딱 찍어서 두 사람의 이름을 댔다.

"그 아줌마들, 여기 생산부 왕고참들이거든. 나이도 제일 많고."

그러자 최강민 역시 두 사람의 얼굴이 바로 떠올랐다. 고 부장의 말대로 생산부 직원들은 거의 그 두 사람의 목소리에 동조하고 있는 것 같았다. 그 두 사람이 어떤 목소리를 내느냐에 따라 현장 분위기는 크게 달라진다는 것을, 처음 보는 사람도 알 수 있을 정도였다.

"양진숙 씨는 왕언니인데 말야, 사람들 선동하는 게 일이라니까. 요새 조퇴 기록이 많던데? 근무 성적이 안 좋아졌고. 김선미 씨는 양진숙 씨보다 세 살 아래인데. 회사에 늘 불만이 많지. 얼굴은 통통 부어가지고. 이 양반들 때문에 불량률이 지난달에 2.5%까지 올랐다니까. 참 내. 일은 제대로 하지도 않으면서 말들만 많아서 말야……. 사장님을 비롯해서 회사 차원에서 다음 달부터 불량률 1%대 진입을 목표로 삼고 있는데, 내가 보기엔 이 두 직원들부터 잡아야 할 것 같아. 그래야 생산부가 정신을 차릴 것 같지 않아? 어때 최 주임?”

“예, 저도 한 번 고민해보겠습니다. 부장님.”

최강민은 말없이 고개를 끄덕였다. 하지만 속마음은 달랐다. 고 부장의 말에 전적으로 동의할 수는 없었다. 그 두 사람 때문에 최강민을 대하는 직원들의 마음이 쉽게 열리지 않는 것은 사실이었지만 그렇다고 불량률까지 그 두 사람의 책임으로 떠넘기는 건 성급해 보였기 때문이었다. 하지만 뭐라고 대꾸하기에는 아직 정보가 미흡하다고 최강민은 생각했다. 이제 최강민에게는 당장 두 가지 과제가 눈앞에 떨어진 셈이었다. 직원들 마음을 여는 것. 그리고 생산라인 불량률을 1%대로 끌어내리는 것. 고 부장의 방을 나오면서 최강민은 자신이 어디서부터 시작해야 할지 알 수 있었다.

마음을 얻는다는 것

"빵-빵."

뒤에서 나는 소리에 놀란 양진숙은 뒤를 돌아보았다. 처음 보는 낯선 차가 자기 앞에 서 있어서 조금은 놀란 표정이었다.

"이모님! 제가 모셔다 드릴게요!"

최강민은 차에서 내렸다. 양진숙은 혹시나 누구 다른 사람을 불렀는지 확인이라도 하려는지 뒤를 돌아보았다.

"누구……, 저 말예요?"

"이모님도 참. 저 최강민이예요. 최 주임요!"

최 주임이라는 말을 듣는 순간, 양진숙은 깜짝 놀랐다.

"최, 최 주임…… 님이, 왜요?"

"저 잠깐 거래처에 들를 일이 있는데 나가시는 길이면 제가 모셔다 드리려고요."

양진숙은 비로소 상황을 이해한 듯 대답했다.

"무슨 소리예요. 됐어요. 전 그냥 버스타고 갈래요."

양진숙이 강민을 경계하는 빛으로 말했다. 최강민은 짐작했다는 듯이 사람 좋게 웃었다.

"저 이모 조카뻘이라는 거 이모도 잘 아시죠? 그리고 이모! 지금 여기 회사 밖이죠? 공과 사를 구분하라는 말 여기서 제가 좀 써먹을 게요. 제가 한참 손아래인데 지금부터는 회사 바깥이니까 좀 모셔다드리면 안 돼요? 회사로 들어가면 이모님이 시키지 않아도 다시 목에 힘주고 거드름 피울 거니까 너무 매정하게 그러지 마세요."

최강민은 빼앗듯이 양진숙의 가방을 채서 그녀를 조수석으로 안내했다. 차는 곧 출발했다.

"누가 시켰어요? 고 부장님요?"

출발과 함께 양진숙은 조금 화가 난 듯이 말했다.

"뭘 시켜요?"

"나 요즘 조퇴 많다고 조회 때 고 부장님한테 따로 불려갔었잖아요. 부장님이 이젠 저 감시하라고 시키기까지 해요?"

"고 부장님 그런 분 아니에요. 설사 그렇게 시켰다고 해서 제가 그대로 따를 사람도 아니고요.”

“그건 두고 봐야 아는 거고.”

말 속에서 찬바람이 불었다. 강민은 더 이상 말을 돌리면 안 되겠다는 생각이 들었다.

“낙하산 타고 뚝 떨어진 젊은 녀석이 물정도 모르면서 대장 노릇하니까 많이 미우시죠?”

양진숙은 예상치 못한 강민의 말에 당황하는 것 같았다.

“말은 잘하네.”

“하하하하, 맞죠? 이모가 그렇게 말해주시니까 차라리 제 속이 후련해요. 저라도 저보다 어린 녀석이 날뛰면 엄청 보기 싫을 거예요. 죄송해요. 이모. 그래서 잘 봐달라는 말씀은 못 드리겠어요. 그래도 너무 미워만 하지 마세요.”

양진숙은 아무 대답 없이 얕은 한숨만 내쉬었다. 차는 어느덧 인천 외곽 도로로 접어들고 있었다.

“근데, 이모 가방에 든 게 뭐예요?”

“도시락 들었지 뭐가 들었겠어.”

양진숙이 조금 풀어진 목소리로 대답했다.

“어? 우리 회사 식당 밥 맛있던데?”

“맛있으면 뭘 해. 외주로 돌리고 밥값이 천 원이나 올랐는데.”

“맞다. 그렇죠. 그래서 도시락 싸 갖고 다니세요?”

“뭐, 그것뿐인가. 사무실이 좁다고 여사원들 전용 휴게실도 없애버렸잖아. 그래도 점심시간엔 밥 일찍 먹고 나서 거기서 한잠씩 잘 수도 있었는데……, 선미가 툴툴거리는 것도 사실은 그것 때문이라고. 별 거 아닌 것 같지만 그런 게 우리한테는 얼마나 중요한 일인지 윗사람들은 잘 모르지. 몰라. 아무도.”

“정말요? 그랬구나…….”

“어이구. 영업만 뛰었으니 회사 돌아가는 사정은 하나도 모르지?”

최강민은 속이 뜨끔했다.

“다 왔어. 여기서 내려야 돼.”

차를 세워 놓고 보니 병원이었다.

“고 부장님한테 전해. 우리 아저씨 2주일이면 퇴원하니까 그때부터는 조퇴 없을 거라고. 소변 받아낼 사람이 없어서 큰 애 학교서 돌아올 때까지 내가 봐줘야 해.”

양진숙은 차문을 닫고 총총걸음으로 병원 안으로 사라졌다.

양진숙을 병원에 내려주고 난 다음날부터 최강민은 생산부 직원들과 일대일 면담을 실시했다. 현 상태에서 무엇이 더 중요한 일인지 깨달았기 때문이다. 그것은 바로 함께 일하는 사람들의 마음이었다. 그들이 진정으로 원하는 것이 무엇인지 모르는 상태에서 회사의 방침을 일방적으로 지시한다는 것은 분명 잘못된 일이었다. 그래서는 진정한 권위라는 것을 얻을 수 없다는 점을 양진숙을 통해 알게 되었다. 최강민은 하루에 한 사람씩 정해 자신의 차로 집까지 데려다주기로 했다.

회사 안에서는 아무래도 직책의 차이에서 오는 간격을 좁히기는 쉽지 않았다. 사무실에서 만나는 것과 차 안에서 옆자리에 나란히 앉아 이야기하는 것은 엄청난 차이가 있었다. 사무실에서는 괜한 긴장감으로 대부분 형식적인 대화에 그치는 경우가 많았다. 하지만 집에 데려다주는 차 안에서는 분위기가 훨씬 부드러웠다. 그리고 더 편하게 속에 있는 이야기까지 할 수 있는 경우가 많았다.

집이 가까운 사람은 자동차 대신 자전거를 이용할 때도 있었다. 거래처 중에 자전거 금형을 만들어내는 회사가 한 군데 있었는데 거기서 소개를 받아 2인용 자전거를 구해온 것이다. 자전거로 가자는 말에 무슨 농담이냐고 황당해하던 직원들도 2인용 자전거를 직접 보고서는 환호성을 질렀다. 두 사람이 동시에 페달을 밟아야 굴러가는 2인용 자전거는 애쓰지 않아도 자전거를 함께 탄 것만으로도 두 사람 관계를 부드럽게 만들어

주는 놀라운 힘이 있었다. 그냥 함께 타서 시간을 보내는 것만
으로도 즐거움을 주기에 충분했다.

　개별적인 면담을 통해서 최강민이 밑바닥 정서를 어느 정도
이해할 수 있게 된 것은 큰 성과였다. 한층 부드러워진 분위기
속에서 직원들은 비교적 솔직하게 속에 있는 말을 강민에게 털
어놓았다. 그 말들을 종합해본 강민은 이제 자신이 무엇을 해
야 할지 알 수 있었다. 최강민은 사장에게 직언을 하여 확장했
던 사무실을 다시 줄이고 여직원 휴게실을 재설치하였다. 또
한 외주로 전환된 사내 식당을 전 직원이 편하게 이용할 수 있

도록 식비 지원을 이끌어내기도 했다. 그뿐만 아니라 가족들이 병원에 입원했을 경우에 회사에서 병원비의 일부를 지원해주는 제도를 마련하도록 건의하기도 했다. 이 과정에서 사장과의 충돌은 어쩌면 당연한지도 몰랐다.

"최강민이! 불량률 1%로 낮추라고 했더니만 엉뚱한 짓이나 벌리고, 뭐라? 병원비까지 지원해주자꼬? 니 미쳤나? 지금 회사가 어떻게 돌아가는지 영 모르나 보네."

"사장님. 오늘은 제가 주제 넘는 말씀 한 마디 드리겠습니다."

최강민은 이미 각오하고 왔다는 표정으로 말을 이었다.

"제가 영업하면서 배운 게 하나 있는데요. 그건 바로 '사람'이 제일 중요하다는 거였습니다. 사실 사장님께서 더 잘 알고 계시리라 믿습니다. 영업사원이 제품 정보를 얼마나 정확하게 알고 있느냐도 중요하지만 그것보다 중요한 것은 바로 신뢰였습니다. 물건을 팔려고 있는 말 없는 말 다 동원하다 보면 당장은 팔 수 있겠죠. 하지만 그런 경우에는 나중에 절 다시 찾지는 않았습니다. 차라리 당장 손해를 좀더 보더라도 제가 팔려는 제품에 이런 부족한 점은 있다, 가격 대비 효율의 측면에서 보자면 지금 이 회사로서는 어쩌면 다른 회사 제품이 좋을지도 모르겠다, 하지만 부족한 점은 곧 보완해서 우리 제품도 경쟁력을 높이겠다, 나중에는 꼭 우리 제품을 사 달라, 이런 식으로 대화를 풀어나간 쪽이 훨씬 오랫동안 절 찾아주셨어요. 새롬텔레텍 건도 그렇게 해서 잡았던 거고요."

최강민은 숨을 돌리고 사장을 향해 간절하게 말했다.

"사장님. 우리 회사가 지금 제 2의 도약기라는 거 잘 압니다. 삐삐에서 휴대폰 쪽으로 시장이 변하는 것을 예측하셔서 제 2공장을 세우려는 계획을 추진하고 있고, 제 2공장 때문에 자금 압박에 시달리는 것도 잘 알고요. 하지만 그렇다고 직원들에게 무조건 허리띠를 졸라매는 것을 강요할 수는 없다고 생각합니다. 사람이 먼저 아닙니까? 공장설립을 조금 늦추더라도 지금 곁에 있는 사람을 잃어버리면 나중에 더 큰 손실이 발생할 겁니다. 길게 봐야 합니다. 사장님. 우리 회사 직원들, 다들 베테랑이에요. 어디서도 그런 사람들 쉽게 얻을 수 없습니다. 회사가 성장하면서 외형적 성장만큼이나 중요한 것은 바로 직원들의 사기 아닙니까? 가장 기초적인 복지 혜택조차 축소해나가면서 발전한다는 것은 당장이면 모르겠지만 장기적으로 보았을 때 커다란 손실입니다."

사장은 조금 마음이 흔들린 것처럼 생각에 잠기는가 싶더니 최강민에게 말했다.

"그래도 병원비 지원까지는 무리다. 대기업도 아닌데 우째 우리 같은 중소기업이 그런 것까지 챙기노!"

최강민은 이쯤에서 물러서기로 했다. 이 협상 테이블에서 최강민이 사장에게 제시할 수 있는 카드가 없다고 생각했기 때문이다. 이 문제는 좀더 시간을 갖고 해결해야겠다는 판단이었다.

"그럼 제가 생산부 직원들과 불량률 1%대 진입을 달성하면 더 생각해보실 여지는 있으신 거죠?"

"뭐라? 그기 말처럼 쉬운 줄 아노. 전사적으로 노력해야 간신히……."

"제가 한번 해보겠습니다."

의견이 아닌 사실을 찾아라

사실 최강민이 사장 앞에서 한 말은 그냥 한 말이 아니었다. 두 달 남짓 생산부 돌아가는 시스템을 살펴본 후에 어느 정도 확신을 갖고 한 말이었다. 그래서 남들이 듣기에는 대책 없이 불쑥 나온 말인 것처럼 보여도 강민은 혼자 나름의 생각을 갖고 있었다. 실제로 생산라인을 점검해보니 생산부 직원들이 일하는 방식에는 크게 나무랄 곳이 없었다. 고 부장이 지목한 양진숙과 김선미는 생산부 고참답게 현장 분위기를 주도하고 있었다. 이들이 일하고 있는 라인은 생산된 금형제품에 특성에 맞는 소규모 부품들을 조립해 넣는 마지막 공정이었는데 숙련도 면에서는 다른 직원들을 능가하는 실력들을 갖추고 있었다. 또한 그냥 겉으로 보기에는 다른 직원들과 별 다를 바 없이 보였지만 가지고 있는 노하우가 있어서 신입들 교육은 물론 현장 적응에 비중 있는 매니저 역할까지 하고 있음을 확인할 수 있었다. 이들을 중심으로 생산공정에 참여하는 직원들의 작업 방식에서는 좀처럼 문제점을 찾을 수 없었다. 문제점을 찾아내기 위해 최강민은 생산 공정을 하나하나 점검해나가기 시작했다.

현재 유진테크론은 빼빼 케이스가 주력 상품이었다. 그 외에도 전화기 케이스나 자동차에 들어가는 소규모 부품들을 찍어내고 있었지만 아무래도 주력은 빼빼 금형이라고 할 수 있었다. 원래 금형이란 것이 쉽게 말하자면 붕어빵을 찍는 틀에 비유할 수 있었다. 똑같은 모양의 붕어빵을 찍어내는 틀이 바로 금형인 것이다. 금형을 사용하면 정밀도가 높은 생산품을 대량으로 생산할 수 있다. 또한 금형만 잘 만들면 특수 기술 없이 제품을 만들 수 있는 것은 물론이고 모델을 쉽게 바꾸어 생산할 수 있는 장점이 있었다. 변해가는 유행을 쉽게 따라잡을 수 있을 뿐만 아니라 다양한 소품종 생산이 가능했다. 보통 금형의 경우 설계가 70~80%를 차지하고 제작이 20~30%를 차지했다. 그런데 최강민이 살펴보니 유진테크론의 경우 설계는 외부 업체에 의존하고 제작만 담당하고 있는 형편이었다. 즉 설계도면을 그린 사람은 따로 있고 유진테크론은 설계도면을 받아다가 도면 그대로 금형을 제작하는 셈이었다. 그러다보니 문제점이 한두 가지가 아니었다. 설계부서가 외부 업체이다 보니 주문을 넣고 설계도를 받아올 때까지 시간이 많이 걸리는 것도 문제였다. 또한 기술 유출도 문제지만 기술에 대한 원천적인 소유권이 없어서 회사 내부적으로 기술 축적이 안 되는 것도 문제였다. 어쩌면 가장 핵심적인 분야라고 할 수 있는 설계 부분은 외주로 돌려서는 안 될 부분이었다. 최강민은 좀더 유연하게 시장에 적응하고 시장을 이끌어나가기 위해서는 금형 설계부터 제작까지 원스톱 공정을 갖출 필요가 있다는 것을 깨달을 수 있었다. 금형 설계부서를 갖추고 전문 인력을 보유한다는 것은 비용절감 차원에서 부담이 크긴 했지만 반드시 우선적으로 확보해야 할 분야라는 것을 통감할 수 있었다.

하지만 가장 큰 문제는 회사 내부에 금형 설계에 대한 노하우를 가진 사람이 없었기 때문에 초기 제작 과정에서 문제가 생기면 이를 수정하고 보완할 수 없는 것이 문제였다. 게다가 최강민 역시 문외한이었기에 일일이 현장에 근무하는 사람들에게 물어서 공부하는 수밖에 없었다. 근무가 끝나면 사무실에 남아 처음 보는 숫자들과 도면을 붙들고 하루하루를 보내던 최강민의 고민은 깊어갔다.

“김 주임님, 김 주임님이 보시기에는 뭐가 문제 같으세요?”

최강민은 자기보다 경력이 많은 고참인 김 주임을 찾았다. 둘은 맥주잔을 앞에 놓고 이야기를 나누었다. 김 주임은 같은 생산부의 선임 주임으로 공고를 나와 이 계통에서 잔뼈가 굵은 사람이었다.

“역시 마지막 크린룸에서 조립할 때 문제가 생기는 거 아니겠어?”

사장이나 고 부장의 견해와 별다를 것이 없었다.

“혹시 다른 공정에서 문제가 있을 수도 있지 않을까요?”

“그게 뭐, 여러 이유가 있을 수는 있겠지. 사실은……. 우리끼리 얘긴데 말야.”

김 주임은 잠시 목소리를 낮추고 뜸을 들였다.

“내가 보기엔 최 주임이 문제야.”

최강민은 깜짝 놀랐다. 자신이 문제의 원인이라니, 이게 무슨 소리인가.

“하하, 너무 놀라지 말고 말을 끝까지 들어봐.”

김 주임은 잔을 내려놓고 말을 계속했다.

“최 주임이 새롬 텔레텍 물량을 따내면서 사출 성형 쪽이 좀 변칙적으로 운영되고 있거든.”

"공정 초반에 플라스틱 원액을 금형 속에 쏴주는 그 사출 성
형을 말씀하시는 거죠?"

"그래그래."

"그게 일본에서 들여온 기계인데 원재료인 폴리 카보나이트
를 1초당 100mm씩 충전하도록 설계되어 있어. 그런데 지금은
120mm로 조정되어 있다는 거 알아?"

"납기 맞추려고요?"

"그렇지."

최강민은 김 주임의 다음 말을 기다렸다.

"그런데 사출 기계는 지금 금형 설계 담당하는 현진기기에
서 유지보수하고 있거든. 그 회사에서 수입해서 우리한테 팔았
으니까. 그런데 현진 사장이 우리 사장하고 친구잖아. 그래서
현진이 우리 회사 금형 설계 물량을 도맡아서 하고 있고."

최강민은 어느 정도 상황을 파악할 수 있었다.

"우리 사장이 문제없다고 판단했으니까 그렇게 주문했을 테
고 그래서 공정 속도가 빨라졌을 텐데, 내가 보기엔 그때부터
불량률이 늘어난 것도 사실이거든. 근데 문제는 말이야, 내 상
식으로는 그 정도 속도를 높였다고 기계가 감당 못할 정도는
아닌 것 같거든. 지금 현재로서는 정확히 그것 때문에 불량률

이 높아졌는지 확신할 수 없어서……. 뭘 알아보려고 해도 알아볼 수가 있어야지. 우리 쪽에는 기술자가 없으니까 말이야. 그런데 불량률이 조금씩 늘고 있는 것도 더 큰 문제지."

"아, 그것도 모르고 저는 사장님께서 가능하다는 말만 믿고 납품 날짜를 그렇게 정했던 건데……."

"그러니 라인 속도는 그대로 두고 불량률만 낮추라고 하니 문제가 있지."

"사출 속도가 빨라지면 무슨 문제가 생길까요?"

가만히 김 주임의 말을 듣고 있던 최강민은 아주 초보적인 질문을 했다. 오히려 대화를 통해서 문제점을 파악할 수도 있다는 생각이 들었기 때문이었다. 모르는 것은 감추지 말고 정직하게 물어보는 것이 낫다고 생각했다.

"우선 플로우 마크라고 제품 표면에 물 흐른 자국처럼 그런 자국이 생기기도 하겠고, 또 침전물이 생기거나 기포가 생기기도 하겠지."

'너무 빨리 만들어서 붕어빵에 자꾸만 하자가 생긴다. 지금으로서는 그게 가장 큰 문제 같은데…….'

김 주임과 헤어져서 집에 돌아와 방에 누웠지만 최강민의 머릿속은 여전히 깜깜한 안개 속이었다.

최강민은 다음날 회사로 출근하는 대신 현진기기로 출근했다. 이미 고 부장에게 대강의 사정을 얘기한 상태였기 때문에 현진기기에 도착해서 유진테크론의 사출 성형기계를 담당하는 담당자를 쉽게 만날 수 있었다.

"아이 참, 아침부터 무슨 할 말이 있다고 여기까지 오느라 고생이에요?"

담당자는 배가 나온 30대 후반 정도로 보이는 남자였다. 이미 얼굴에서부터 귀찮다는 표시가 풍기고 있었다.

"예, 저희 고 부장님 전화 받으셔서 알겠지만 오늘 저희 회사 기계 점검 좀 다시 한 번 부탁 드리려고요."

담당자인 신 과장은 여전히 의자에 삐딱하게 앉은 채 하품을 했다. 그리고 천천히 입을 열었다.

"여보세요. 그거 전혀 문제없다고 내가 몇 번이나 말했는데. 그 정도로는 문제가 생길 수가 없다니까 그러네. 참 나 사람들, 무식해서 그런 거야, 할 일이 없어서 그런 거야? 뭐 사람을 또 보내냐."

"이것 봐!"

최강민은 책상을 치며 벌떡 일어났다. 책상 위에 있던 커피잔이 엎어지고 최강민이 앉아 있던 바퀴 달린 사무용 의자는 그대로 뒤로 넘어졌다. 맞은편에 앉아 있던 신 과장은 하품을 하다가 깜짝 놀라 최강민을 올려다보았다.

"내가 지금 장난하러 온 줄 알아? 당신한테는 이게 하품 쩍 쩍 해댈 일인지 몰라도 나한테는 이게 세상에서 제일 중요한 일이라고. 정신 똑바로 차리고 내 말 들어. 만약에 원인을 못 찾으면 난 여기 백 번이고 또 올 거야. 그것도 다른 사람 안 찾 고 당신만 찾을 거라고. 왜 그런지 알아? 지금은 당신이 최고 전문가이기 때문이야. 설계도 하고, 기계도 볼 줄 아는 사람이 당신뿐이라서 내가 이러는 거라고. 당신이 원하는 거 다 해 줄 테니까 제발 다시 점검해달라고!"

신 과장은 입을 쩍 벌리고는 잠깐 동안 아무 말도 하지 못했 다. 같은 사무실에 있던 다른 직원들의 눈이 모두 강민과 신 과 장을 향해 있었다. 비로소 정신을 차린 신 과장이 천천히 입을 열었다.

"원래 부탁을 이런 식으로, 하세… 요?"

최강민은 신 과장과 유진테크론으로 돌아와 모든 공정을 처 음부터 다시 체크해보기로 했다. 최강민은 신 과장에게 딱 한 가지만 주문했다.

"제가 예전 신문사 영업사원일 때 모시던 인사부장님이 이런 말씀을 하신 적이 있습니다. '언제나 사실과 의견을 구분해라.' 별 거 아닌 것 같은데 그 한마디가 오래 남더라고요. 그게 정말 무섭고도 귀중한 한 마디였어요. 무슨 일이 터지면 왜 늘 말들이 많잖아요. 이게 좋겠다, 아니 이게 좋겠다, 이건 이런 문제 때문에 그런 거다, 너 이거 고쳐라…… 그런데 잘 들어보면 그게 다 '의견'이거든요. '사실'이 아니라 그저 어떤 누군가의 '의견'일 뿐이란 거죠. 그런데 우린 '사실'을 안 보고 '의견'을 따라가요. 잘 보면 자기가 믿고 싶은 '의견'을 쫓아가는 것뿐이죠. 그저 편하게, 편하게 가는 거예요. 남 핑계 대면서. 하지만 나중에 후회해도 때는 늦죠. 그때 저한테 인사부장님이 강조하신 게 그거였어요. 네가 '사실'을 확인하기 전까지 섣불리 판단하지 마라. 의견의 숲을 헤치고 '사실'을 찾아라. 그게 네 꺼다."

최강민은 잠시 말을 끊었다가 다시 이었다.

"신 과장님도 여기 불려 오셔서 이런저런 의견들 많이 들으셨을 거예요. 그래서 그중 맘에 드는 의견 몇 개를 쫓아 점검해 보셨겠죠. 하지만 오늘 제가 원하는 건 다른 사람의 의견이 아니라 신 과장님이 발견하신 '사실'입니다. 전 '사실'을 보고 싶어요.”

신 과장은 턱에 손을 대고 최강민의 말을 듣고 있었다.

“모든 가능성을 열어두고 처음부터 다시 시작하는 겁니다. 그리고 불량률이 늘어난 원인을 찾아주세요. 저도 함께합니다. 제가 옆에서 철저하게 보필하겠습니다!”

최강민이 신 과장과 회사에 돌아온 것은 토요일 점심시간을 지나서였다. 그때부터 신 과장과 최강민의 점검은 시작되었다. 직원들이 모두 퇴근했지만 텅 빈 공장에 불은 꺼지지 않았다. 그리하여 둘의 작업이 끝난 것은 꼬박 20시간이 지난 다음날 일요일 오후 8시였다.

고 부장은 최강민의 보고서를 앞에 두고 낮은 신음소리를 내었다.

“뭐? 금형세척기가 문제였다고?”

최강민은 고개를 끄덕이며 대답했다.

“예, 사출 성형기계가 아니라 금형세척기가 문제였습니다.”

고 부장은 최강민을 바라보았다.

“어디 자세히 좀 얘기해 봐.”

“그러니까 붕어빵 만드는 속도가 빨라서 문제가 되었던 게 아니라 붕어빵 틀을 제대로 못 씻어내서 불량률이 높아졌던 겁니다. 상코어(금형 윗부분)하고 하코어(금형 아랫부분)에 플라스틱 원자재가 사출 돼서 제품 찍어내는 과정이 반복되면 코어에 이물질이 달라붙고 찌꺼기가 발생하지 않습니까?"

"그래. 그렇지."

"지금 우리 생산라인에서 코어 세척이 정확히 3시간마다 들어가는데요. 스팀을 분사하는 세척기 중간 밸브에 미세하게 균열이 가 있었습니다."

"그래서 세척 압력이 떨어졌단 말이지?"

"예. 세척 압력이 떨어지니까 자동적으로 세척력이 떨어졌고 생산품에 이물질이 뒤섞여 들어가거나 플로우 마크가 발생하기도 했던 겁니다."

고 부장은 최강민의 말을 듣고 다시 되물었다.

"그럼 해결 방법은 뭔가?"

"예, 현진 신 과장과 얘기해봤는데요."

고 부장은 최강민이 뜸을 들이자 마음이 조급해졌다.

"기계를 바꿔야 하나? 사장님이 관리 소홀했다고 호통을 치실 텐데. 어쩌나 이거."

최강민은 살짝 미소를 지었다.

“ㄱ 자로 꺾어진 엘보 부분만 교체해주면 앞으로 몇 년은 끄떡없답니다!”

“뭐, 뭐얏!”

고 부장은 너털웃음을 터뜨리며 자리에서 일어났다. 그리고 최강민을 향해 다가가 그를 얼싸안았다.

“야, 너 최 주임. 또 한 건 했구나. 다행이다. 잘 됐다, 임마!”

“하하하, 아닙니다. 다 부장님이 가르쳐주신 덕분입니다.”

“내가 뭘 가르쳐? 너하고 신 과장 아니었으면 어림없었지.”

“그러니까, 그 신 과장말입니다. 부장님이 힌트를 주셨잖습니까? 그 인간 실력은 최고인데 게을러서 몸을 잘 움직이려고 하지 않는다고 말입니다.”

“뭐야, 그래서 어떻게 했는데?”

“하하하, 그냥 뭐 별거 없었습니다. 그냥 호통 한 번 쳐준 것뿐이죠.”

“그래? 그런데 신 과장이 움직였단 말이야?”

“따라다니면서 제가 많이 배웠습니다. 기계를 더 사랑하게 되었다고 할까요? 이제 제 머릿속에 생산라인 구조가 다 입력됐습니다. 어제 일 끝나고 같이 목욕탕에 들러서 제가 안마도 해드리고, 가볍게 소주 한잔하고, 애들 과자도 사서 들려 보냈습니다. 후배 노릇 깎듯이 했으니까 너무 걱정 마세요. 신 과장 정말 기계에 대해서는 박사던데요?”

“잘됐어, 잘됐어 정말.”

“다 고 부장님이 하라는 대로 했을 뿐입니다. 앞으로도 많이 가르쳐주십시오.”

고 부장과 최강민은 서로의 마음이 통하는 것을 느꼈다.

회사가 무너지다

어느새 가을이 찾아왔다. 공장 주변의 가로수들도 고운 빛깔로 물들어가기 시작했다. 최강민은 언제 풍경이 바뀌었는지도 모를 만큼 정신없이 시간을 보냈다. 그동안 최강민은 유진테크론의 생산시스템을 완벽하게 자기 것으로 소화하기 위하여 남들보다 한 시간씩 일찍 출근하고 한 시간씩 늦게 퇴근하는 생활을 반복하였다. 여기에는 현진기기의 신 과장과 유진테크론의 고 부장의 도움과 격려가 컸다. 그들은 누구보다 기계에 대한 애정이 풍부한 사람들이었고 그만큼 전문가적인 지식을 갖고 있었다. 특히 고 부장은 최강민이 현장에 적응할 수 있도록 최선을 다해 도움을 주었다. 고 부장은 수시로 사무실에 들러 자질구레한 의견을 제시하고, 문제점을 상의하는 최강민이 믿음직스럽게 보였던 모양이었다. 나중에는 최강민이 일하는 현장에 찾아와서 강민과 대화를 나누고 강민이 미처 요청하기도 전에 도움을 주는 경우가 많았다.

유진테크론의 불량률 1% 진입은 실질적인 비용절감 효과를 가져왔다. 사장은 약속대로 의료복지 혜택을 통해 이익을 사원들에게 돌려주기로 했다. 이를 계기로 사원들은 회사를 신뢰하고 조금씩 마음을 열기 시작했다.

"최 주임님! 주말에 이발하셨나봐. 인물이 사네, 살아."

"그러게요. 헌데 머리 예쁘게 잘라도 봐줄 아가씨가 있어야지. 애인 있냐고 저번에도 물어봤는데 웃기만 하고 대답이 없으셔. 최 주임님! 내가 참한 아가씨랑 자리 한번 만들어볼까요?"

"하하하, 죄송하지만 저 만나는 사람 있어요! 내년 봄에 결혼할 겁니다. 암튼 신경 써주시니 감사합니다."

어느새 최강민은 양진숙과 김선미를 비롯한 생산부직원들과 서로 농담을 주고받을 정도로 가까워져 있었다. 이방인처럼 대하던 눈길은 부드럽게 변해 있었고 최강민도 현장의 목소리를 듣기 위해 노력을 게을리 하지 않았다. 사장은 강민이 빠르게 현장에 적응하는 모습을 보고 더욱 그를 신뢰했다. 최강민은 일종의 연결고리처럼 회사와 직원들 사이를 이어주고 있었다. 앞으로의 유진테크론은 전진만 하면 될 것 같아 보였다. 그러던 어느 날이었다.

"최 주임, 지금 당장 내 방으로 와."

최강민은 호출을 받고 고 부장의 방으로 갔다. 고 부장의 얼굴은 평소에 보던 얼굴이 아니었다. 웃음기가 하나도 없는 굳은 표정이었다. 최강민은 직감적으로 일이 일어났음을 깨달을 수 있었다.

"공장으로 빨리 가자. 사장님이 거기 계신 모양이야."

하지만 공장에 도착했을 때, 사장은 거기에 없었다. 두 달 전, 일본에서 들여온 기계들이 배치되어 생산라인은 거의 90% 정도 모습을 갖추고 있었다. 이제 보름만 있으면 유진테크론의 제 2공장이 가동될 예정이었다. 10여 명의 기술자들이 막바지 작업에 힘을 쏟고 있었다.

"부장님! 부장님!"

공장의 경비를 담당하는 수위였다.

"사장님은?"

고 부장은 헐레벌떡 뛰어온 수위가 숨을 고를 새도 없이 그를 재촉했다.

“그게요, 공장 둘러보시다가 전화를 한 통 받으셨는데요, 전화 받다가 갑자기 쓰러지셔서는……”

“그 말 말고, 사장님 말야. 그럼 여기 안 계시다는 말이야? 지금 어디 계시는데?”

“응급차 불러서 병원으로 옮겼어요. 5분이 지나도 안 깨어나시길래, 고 부장님한테 전화 드리고 바로 옮겼습니다. 병원 이름이……”

사장은 응급실 침대에 누워 있었다. 왼팔을 걷고 링거주사를 맞고 있는데 멀리서 보기에는 멀쩡하게 눈도 뜨고 있었다. 하지만 고 부장과 강민을 보고도 아무런 반응이 없었다.

“사장님! 어떻게 된 일입니까? 이게 도대체 무슨 일이에요?”

사장은 넋이 나간 얼굴로 달려들어 온 고 부장을 향해 천천히 고개를 돌렸다. 여전히 아무 말도 없었다.

“괜찮으세요? 사장님! 제발 정신 좀 차리세요.”

고 부장이 사장의 팔을 잡고 흔들자 비로소 사장의 눈에 희미한 기운이 돌아왔다. 그리고 다시 꺼질 듯한 신음처럼 말을 잇기 시작했다.

“다, 다 틀렸어.”

"무슨 말씀이세요?"

"새롬텔레텍 말야. 그, 그게 문을 닫았대."

"예? 뭐라고요?"

"새롬이 부도났다고."

사장은 거의 죽어가는 목소리로 새롬텔레텍의 부도 소식을 알렸다. 강민은 자신의 귀를 의심했다.

"그럼요? 그럼 우리가 받은 어음은요?"

"그거, 다 휴지야. 쓰레기야."

고 부장은 그 자리에 쓰러지듯 주저앉고 말았다. 최강민은 현기증을 느끼며 벽에 기대 섰다. 믿을 수가 없었다.

지난 반년 동안 회사는 새롬텔레텍의 휴대폰 금형 제작에 전사적인 노력을 쏟아왔다. 그리하여 제 2공장까지 지어 시설을 확충하려는 계획을 세웠던 것이다. 새롬텔레텍의 납품을 계기로 사장은 사양길에 접어든 삐삐에서 사업 전망이 밝은 휴대전화 금형 생산으로 품목을 변경할 마음을 굳힐 수 있었다. 판매 대금을 바탕으로 제 2공장 설비자금을 충당하고 더욱 힘차게 향후 10년을 대비하겠다는 것이 사장의 생각이었다. 고 부장과 최강민을 앉혀놓고 술잔을 기울이면서도 언제나 회사의 장래에 대해 단단한 자신감을 내보이던 사장이었다. 강민도 그러한 사장의 비전에 동화되어 더욱 열심히 일에 매진하지 않았던가. 이제야 조금 작업복이 편안해진 강민은 머릿속이 하얘졌다.

회사로 돌아왔지만 일은 쉽게 손에 잡히지 않았다. 하지만 새롬텔레텍의 부도는 시련의 시작일 뿐이었다. 새롬텔레텍에 납품한 제품에 대한 대금 회수가 어렵게 되자 곧바로 유동성 자금 운용에 빨간불이 켜졌다. 사장의 공석을 고 부장이 대신했다. 무엇부터 해야 할지 몰라 절절매기는 고 부장도 마찬가지였다. 고 부장으로서는 역부족이었다. 당장 은행권으로부터는 유진 설비를 담보로 빌린 돈에 대한 회수 압력이 들어오기 시작했다. 하지만 회사에 돈이 없었다. 그나마 가지고 있던 자금은 모두 이윤이 높은 제 2금융권, 즉 종금사에 맡겨둔 상태였다.

"일단 그걸로 급한 거부터 막으면 되잖습니까?"

"최 주임. 우리가 돈 맡겨둔 종금사가 영업정지 된 거 몰라?"

해외단기자금을 빌려 국내기업에 장기로 빌려주고 높은 이자수익을 올리던 종금사였지만 홍콩계 자본들의 회수압력에 두 손을 들고 말았다. 한국은행에서도 더 이상 종금사에 외화를 빌려줄 수가 없었다. 결국 종금사는 영업정지를 맞았고 유진테크론이 돈을 맡겨둔 종금사도 마찬가지였다. 국내 외환 보유율이 급격하게 떨어지기 시작했다. 반대로 환율은 가파르게 상승하기 시작했다. 그러자 금형을 만들어내는 원자재인 폴리카보나이트 값이 천정부지로 뛰어올랐다. 회사 창고의 비축물량은 불과 일주일 만에 소진되고 말았다. 이제는 물건을 만들고 싶어도 더 이상 물건을 만들어낼 수 없는 지경에 이르렀다. 공장은 가동이 중지되었다. 어떻게 해서든 가동 중지만은 막아보려고 애를 썼지만 원자재가 없는 상황에서는 속수무책이었다. 직원들은 어수선한 모습으로 출근했다가 공장 여기저기에 모여 쑥덕거리기만 할 뿐이었다.

"국민 여러분, 오늘 대한민국은 국제통화기금, 즉 IMF에 유동성 조절 자금을 지원해줄 것을 공식적으로 요청하였습니다."

TV에서는 경제부총리가 나와서 담화문을 발표하고 있었다. 최강민은 믿을 수가 없었다.

'IMF? IMF라니!'

계절은 혹독한 겨울로 접어들고 있었다. 이 모두가 불과 2~3주 만에 일어난 일이었다.

새 돛을 달고

겨울부터 이듬해 봄이 찾아올 때까지 최강민은 어떻게 시간이 지나갔는지 기억할 수 없을 만큼 정신없이 하루하루를 보냈다. 자고 일어나면 기업들이 도산하고 문을 닫았다는 소식이 들려왔다. 간신히 국가부도 위기만은 넘겼지만 대한민국은 밑바닥부터 무너지고 있었다. 정부는 오직 산업의 큰아들이라고 할 수 있는 대기업을 살리기 위해 천문학적인 공적 자금을 쏟아부을 뿐이었다. 산업의 둘째아들로, 오히려 첫째보다 더욱 건실하게 대한민국 경제발전을 이끌어왔던 수많은 중소기업들이 버티지 못하고 무너졌지만 정부에서는 어떤 지원책도 마련하지 않았다. 중소기업을 돌아보는 사람은 아무도 없었다. 그러는 사이에 몇 십 년을 일구어온 건실한 중소기업들마저 속수무책 연쇄 도산하고 있었다.

하지만 최강민은 이대로 주저앉을 수는 없다고 생각했다. 매일매일 어떻게 해서든 회사만은 살리려고 안간힘을 쓰며 사방을 뛰어다녔다. 전화통을 잡고 전화를 걸어보지 않은 곳이 없었다. 하지만 들려오는 소식은 어느 중소기업의 사장이 회사가 망한 뒤 이혼을 당하고 기어이 죽음을 선택했다는 이야기나 지금 무너진 것들을 회복하려면 앞으로 20년은 걸릴 것이라는 암담한 전망들뿐이었다.

공장 가동 중단 이후 이미 회사를 포기하고 다른 길을 찾아 이탈하는 사람들도 생겨났다. 회사로서도 직원들을 무작정 잡아둘 명분이 없었다. 직원들은 더욱 동요하기 시작했다. 공장에서 쓰러진 뒤 지병이었던 당뇨가 심해져서 홍두식 사장은 결국 일선에 복귀할 수가 없게 되었고 소문은 퍼져나갔다. 직원들은 불안해하면서도 회사에 남아 있었지만 이미 석 달째 월급을 받지 못한 상태였다. 사장의 지시대로 공장 부지와 설비를 고스란히 매물로 내놓았지만 사려는 사람이 없었다. 몇 차례 거래가 성사되기 직전에 엎어졌고 결국 부지와 공장, 설비 기계까지 합하여 들어간 돈의 10분의 1 가격만 받고 전문 업자에게 이 모두를 넘겨야 했다. 그것마저도 놓친다면 부채의 일부라도 갚을 길이 없다는 것을 알고 사장은 어쩔 수 없다는 듯이 도장을 찍었다. 그렇게 도장을 찍고 고 부장과 최강민과 병원으로 돌아오는 길, 사장은 기어이 눈물을 보이고야 말았다.

"사장님, 약해지시면 안 됩니다. 우리가 어떻게 해서 일으킨 회사인데……. 이렇게 무너질 수는 없습니다."

고 부장은 사장의 팔을 잡고 위로의 말을 건넸다. 하지만 그런 말이 지금 당장 아무런 힘이 되지 못한다는 것을 사장도, 고 부장도, 최강민도 모두 알고 있었다.

"고 부장."

"예, 사장님."

"우리가 처음 만나 게 언제인지 기억나나?"

"15년 전 청계천이죠. 제가 사장님 첫 직원이었잖아요."

"맞다. 기억난다. 그때가 벌써……. 세월 참 많이 흘렀고마."

사장은 깊은 한숨을 내쉬었다.

"최 과장. 니 나하고는 을매나 됐나?"

최강민은 그 사이에 주임에서 과장으로 승진해 있었다. 운전을 하던 최강민은 사장의 질문에 룸미러를 보며 대답했다.

"3년째 입니다. 제가 처음 신문사 영업사원으로 찾아갔을 때 뵈었으니까요."

"그래, 그게 벌써 3년 됐나? 그때 내 니를 처음 보고 이 친구는 되겠구나 싶었다. 그란데 내가 이리 될지 우째 알았겠노. 미안타. 고 부장도 최 과장도. 느그들한테 젤로 미안타."

어색한 침묵이 차 안에 무겁게 내려앉아 있었다.

"차 좀 세워봐라. 최 과장."

갑작스런 사장의 말에 최강민은 잠시 의문을 품었지만 곧 차를 세웠다.

"담배 한 대씩 피자."

창문을 내리고 셋이 담배를 피워 물고도 한참의 시간이 흘렀다. 다시 말을 꺼낸 것은 사장이었다.

"나 병원 나가면 그 길로 짐 챙겨갖고 이 나라 뜰란다."

최강민은 깜짝 놀랐다. 그것은 고 부장도 마찬가지였다.

"10년만 더 젊었어도 다시 뭔가를 시작할 수 있을 것 같은데 그기 안 된다."

사장은 담배연기를 들이마셨다가 내뿜으며 말을 계속했다.

"우리 집안 선산이랑 땅 좀 있는 거, 정리하면 얼추 부채 다 갚고 직원들 위로금이나 조금 얹어줄 수 있지 않겠나 싶다."

최강민은 믿었던 버팀목이 무너지는 소리가 들리는 것 같았다. 도산 위기 속에서도 사장이 있었기에 끝까지 믿음을 버리지 않았던 최강민이었다. 하지만 이제 사장이 두 손을 들고 나면 어떻게 해야 한단 말인가.

"문제는 우리 회사인데……, 마 느그들만 좋다면 내 깜냥에는 느그들 둘이 회사를 끝까지 맡아줬으면 좋겠다."

"사장님, 도대체 무슨 말씀이세요?"

고 부장이 깜짝 놀란 얼굴로 물었다.

"와? 물에 잠겨 가라앉는 배 선장은 몬하겠다 이 말이가?"

사장은 고 부장의 손을 잡았다.

"내 말 좀더 들어봐라. 몸이 상하니까 맘도 내 뜻대로 안 된다. 그래도 내 여기서는 몬 끝내겠다 이 말이다. 그란데 여기서 더 가면 내가 꼭 죽을 거 같다. 진짜로 죽을 것 같다 말이다. 내 맘 알겠나?"

사장은 다시 울 것 같은 표정이었다. 그동안의 마음고생이 어느 정도였는지 짐작할 수 있는 표정이기도 했다. 고 부장은 사장의 얼굴을 똑바로 보지 못했다. 최강민도 고개를 숙이고 한숨만 내쉬었다.

"암만 그라캐도 느그들 둘이면 내가 맘을 접을 수 있겠다 싶다. 느그들이라면 회사를 가라앉히지는 않을 것 같다는 희망이 있다. 다시 뜯어 고치고 새 돛을 달아서 나갈 수 있지 않겠나

이말이다."

사장은 담배를 한 대 더 꺼냈다.

"조건은 없다. 대규모로 인력감축도 해야 할끼고 공장 부지를 팔고 다른 데로 옮길 수도 있는 거고. 다 느그들 둘이 알아서 해라. 내는 여길 떠나는 순간부터 완전 남이데이. 알았나?"

사장은 한 손으로 고 부장의 손을 잡고 또 한 쪽으로는 최강민의 손을 끌어다가 손에 잡았다.

"마지막으로 조건 하나가 있다."

사장은 작은 기침소리를 내고 목청을 가다듬더니 말을 했다.

"사장은…… 고 부장이 아니라 깅민이, 최강민이가 맡아줬으면 좋겠다."

사장과 직원의 마음은 절대로 같을 수가 없기에 사장과 직원 사이에서의 무조건적인 믿음만큼 무모한 것이 없을지도 모른다. 하지만 경영을 할 때 가장 중요한 것은 신뢰이다. 또 인간관계에서 가장 중요한 요소를 하나 선택한다면 그것 역시 신뢰이다. 어떤 일이든 그 출발에는 사람이 있다. 사람들과 관계하지 않고 살아가는 이는 없으며 사람이 개입되지 않은 일은 세상에 없다. 칭찬과 인정, 그리고 믿음은 사람을 스스로 움직이게 만드는 힘이 있다.

기업이 성과를 내는 데 있어 조직 구성원들의 자발성은 매우 중요한 요소이다. 이러한 자발성을 이끌어낼 수 있는 방법은 직원이 한 일에 대해 칭찬을 아끼지 않고 인정해주고 믿어주는 것이다. 또 함께 한 방향으로 나아가기 위해서는 용기와 결단이 필요하며, 행동으로 옮기는 실천이 따라야 한다.

3장

단 하나의 믿음

어떻게 달라지고 싶은가?

최강민은 일주일에 한 번, 한 시간 정도를 송 대표와 만났다. 그동안 강민은 쉬지 않고 자기 이야기를 했다. 모두 그동안의 마음고생에 관한 이야기들이었다. 비로소 그는 자신이 너무나도 '대화'란 걸 하고 싶었다는 것을 깨달았다.

정말로 강민에게는 자신의 모든 어려움과 슬픔을 나눌 사람이 없었다. 고 상무나 신 부장도 그랬다. 그들에게 최강민은 사장이었지 친구가 될 수는 없었다. 부하직원들에게 힘들다고 하소연할 수도 없는 노릇이었다. 아내가 있었지만 사업에 대해서는 전혀 알지 못하는 사람에게 공장이 어떻고, 부하직원들이 어떻고, 떠들어댈 수도 없는 노릇이었다. 그러고 보니 그동안 최강민은 그 누구에게도 자기 속마음을 털어놓지 못하고 꾹꾹

눌러놓고만 있었다는 것을 깨달았다. 하지만 말하는 목적은 간단했다. 그저 이해 받고 싶었던 것이다.

'그래, 당신이 그렇게 힘들었구나. 혼자서 그렇게 고통스러웠구나.'

그런 말을 들으면서 위로를 받고 싶었던 것이다.

"제가 많은 중소기업 CEO 분들을 만났지만 대부분 비슷한 면이 있으세요. 중소기업 특성상 혼자서 모든 일을 결정해야 하는 경우가 많기 때문에 그만큼 어깨에 짊어진 짐도 무겁게 느낄 수밖에 없답니다. 최 사장님도 그러셨을 거예요. 많이 외로우셨을 겁니다."

송 대표가 고개를 끄덕여줄 때마다 최강민은 조금씩 위로 받고 있었다. 최강민이 생각해도 신기한 일이었다. 그저 마음속에 있는 이야기를 할 뿐인데도 어떻게 마음이 편해지는 것일까. 조금씩 송 대표가 다르게 보이기 시작했다. 그러는 사이에 벌써 한 달이라는 시간이 지났다.

마음은 한결 편안해졌다. 자기의 입으로 지난 상황들을 말하고 나니 왠지 무엇인가 정리가 되는 느낌이었다. 특히 억눌린 고통이 조금씩 사라지니 뭉뚱그려진 채 단편적인 이미지로만 갖고 있던 지난 기억이 하나로 꿰어지면서 뭔가 조금 더 명확해졌다는 생각이 들었다. 하지만 아직 할 말이 더 남아 있었다.

"최 사장님, 코칭 처음 시작하셨을 때보다 지금 표정이 훨씬 밝아지신 거 아세요? 이제 이런 질문을 드려도 될 것 같네요. 원래는 제가 처음 코칭을 시작할 때 이런 질문을 드립니다만 사장님께서 너무 마음의 문을 닫고 계셔서 이제야 질문을 드리게 되었어요."

송 대표는 잠시 시간을 두고 강민에게 물었다. 총명하고도 서늘한 눈빛이었다.

"사장님은 이번 코칭을 통해서 뭘 얻고 싶으신가요? 구체적으로 표현해주시겠어요?"

"예?"

네 번째 만남이 거의 끝나갈 무렵이었다. 강민은 송 대표의 질문을 받고 잠시 머뭇거렸다.

'그래, 내가 코칭을 통해서 뭘 얻으려고 했지? 그냥 위로 받고 싶은 게 다였나?'

사실 처음에는 그런 마음이 없는 것도 아니었다. 하지만 이제 최강민은 자신이 원한 것이 그게 전부는 아닐 거라는 생각이 들었다. 송 코치의 질문을 통해 비로소 그것을 자각할 수 있었다.

"그건… 변화예요. 달라지고 싶다는 겁니다."

최강민은 자기 스스로의 대답에 만족했다. 그랬다. 말하고 나니 분명해졌다. 최강민이 원한 것은 바로 변화였다. 처음에는 지푸라기라도 잡는 심정으로 코칭을 의뢰했지만 이제는 좀 더 확실해졌다.

"어떻게 달라지고 싶으신가요?"

송 대표는 강민에게 다시 물었다.

"그러니까, 이렇게 무기력하게 손 놓고 있는 게 아니라, 다시 일어서고 싶습니다. 이대로 주저앉을 수는 없어요. 정말 꼭 다시 재기하고 싶습니다."

"네, 맞아요. 최 사장님에게 저도 그런 강한 의지를 읽을 수 있었어요. 그게 아니라면 저를 찾지도 않으셨을 거예요."

송 대표는 목을 축이더니 다시 말을 이어나갔다.

"그렇다면 다시 일어서기 위해서는 뭐가 필요할까요? 혹시 생각해보신 적 있으세요?"

순간 최강민은 말문이 막히고 말았다.

'그래, 여기서 주저앉을 수는 없다는 것은 알겠는데, 그럼 어떻게 해야 하는 걸까?'

막연하게 예전과는 달라야 한다는 생각은 들었지만 도대체 뭐가 달라져야 하는지는 알 수 없었다. 그런 것에 대해서는 한 번도 생각해본 적이 없었던 것이다. 그저 괴로움 속에 주저앉아 있기만 했을 뿐이다.

"제가 사장님의 이야기를 들어보니 아마 가장 고통스러웠던 순간이 고 상무와 신 부장이 떠났을 때 같은데, 맞나요?"

최강민은 송 대표의 목소리에 현실로 돌아왔다. 그리고 잠시 생각해본 뒤 고개를 끄덕였다.

"그럼 거기서부터 다시 시작해보는 게 어떨까요? 그러면 지금 최 사장님이 겪고 계시는 문제의 원인이 무엇인지 조금 더 분명해질 것 같아요. 고 상무와 신 부장이 사장님을 떠난 이유를 알아내신다면 사장님께서 다시 일어설 수 있는 출발점이 되지 않을까요? 과거에 너무 빠져서 헤어나오지 못하는 것도 문제이지만 과거에 대한 반성 없이 새로운 미래를 준비할 수는 없는 법이니까요. 다음 시간까지 생각해보시고 저한테 알려주실 수 있으시겠죠?"

최강민은 생각에 잠겼다. 기억을 더듬어보니 고 상무와 신 부장이 회사를 떠났을 때부터 지금까지 자신이 그들을 배신자라고 생각하며 치를 떨고 미워했던 것밖에 생각이 나지 않았다. 어떻게 자신에게 그럴 수 있냐며 솟구치는 울분을 참지 못해 괴로워하기는 했지만 정작 그들이 왜 떠났는지에 대해서는 곰곰이 생각해본 적이 없었던 것이다. 하지만 이제는 마음이 조금 달라졌다. 뭔가 생각해볼 여력이 생긴 것이다.

'정말 고 상무와 신 부장은 왜 떠난 것일까?'

어려운 시기의 결단

"맴맴맴매 매에에에……"

IMF가 시작된 지난겨울이 추웠던 만큼이나 이듬해 여름도 견딜 수 없이 더웠다. 어느새 매미들이 귀가 따가울 정도로 우렁차게 울어대고 초목은 무성하게 잎을 펼쳐내고 있었다. 에어컨이 없는 사무실에서 중고 선풍기 한 대를 종일 돌려댔지만 도무지 더위를 쫓을 수가 없었다. 창문을 열어두었지만 바람 한 점 없는 나날이 계속되고 있었다. 최강민은 수시로 화장실에 들러 찬물을 틀어놓고 머리에 물을 적셨다. 그래야 비로소 정신이 들고 한동안 책에 집중할 수 있었다.

홍두식 사장이 떠나고 유진테크론에는 많은 변화가 있었다. 우선 80여 명에 가까웠던 직원들 중 상당수가 어쩔 수 없이 회사를 떠나야 했다. 밀린 석 달치 임금과 약간의 퇴직금을 얹어 주기는 했지만 떠나가는 사람이나 떠나보내는 사람이나 서로 밝은 표정을 지을 수 없는 것은 당연한 일이었다.

"죄송합니다. 할 말이 없습니다. 최선을 다해 회사를 정상화 시키겠습니다. 그래서…… 반드시, 반드시 여러분을 다시 부르 겠습니다. 그때까지 어디 계시든, 꼭……."

최강민은 고개를 숙인 채 결국 마지막 말을 맺지 못했다.

본사도 그대로 남겨두기는 힘들었다. 어떻게 해서든 본사 건 물과 공장만은 지키려고 했지만 땅과 건물을 팔고 공장 안으로 회사 살림을 모두 옮기는 수밖에 없었다. 이제 남은 것이라고

는 공장뿐이었다. 공장 건물 바로 옆에 컨테이너를 놓고 그곳을 사무실로 쓰기로 했다. 에어컨을 설치할 비용도 없었다.

이미 강민뿐만 아니라 남아 있는 10여 명의 직원들은 자신들의 월급을 이전의 60% 수준에서 받을 것을 약속한 상태였다. 더 이상 물러설 곳이 없다는 생각에서 내린 결정이었다. 최강민은 아예 자신의 자취방에 있던 필수품들을 정리하여 가방 하나의 분량으로 컨테이너에 가져다 놓았다. 매일매일 사무실에서 먹고 자는 날들의 연속이었다.

사실 최강민은 홍두식 사장의 제안을 받고 갈등이 많았다. 부도 직전의 회사를, 아무것도 모르는 자신이 맡아서 다시 정상화시킬 수 있을지 자신이 없었다. 고심 끝에 다시 병원에 있는 홍두식 사장을 찾아가 사장 직함은 고 부장이 맡고 자신은 그를 보필하는 것이 좋겠다고 말했다.

"내 이번 일을 겪고 나서야 알았다. 고 부장이나 내나 우린 이제 변화에 대처하는 능력이 많이 떨어진다는 걸 말이다. 연초부터 한보철강이 무너지고 여러 가지 징후들이 있었던 거 니도 잘 알끼다. 7월에는 기아자동차가 무너졌고. 그란데 내는 이 모든 걸 보고도 못 본 척했다. 그냥 막연히 현재 우리 회사가 아무 문제없으니까 다 괜찮을 줄 알았던 거라 말이다. 우쨌든 휴대폰 쪽에 이제 곧 활황이 찾아올 거라고 믿었던 것도 컸고. 그래서 자금력도 부족한데 제 2금융권에서 담보대출 받아서 시설투자에 올인한 거 아이가. 고 부장도 내랑 생각이 같았다. 내를 몬 말린 거지."

홍두식 사장은 목을 축이고 말을 이었다.

"이게 어쩌면 기회다. 방만했던 우리 회사 경영을 이번 기회에 제대로 손봐야 안 되겠나. 근데 내는 이제 몬하겠다. 이제까지 내 방식이 한계에 부딪친 기라. 젊고 유연한 방식으로 새롭게 회사를 이끌어나갈 사람은 최강민이 니뿐이다. 니를 끌어올 때부터 니를 제대로 키워볼 생각을 했는데, 마무리를 못해줘서 미안타. 그래도 기회가 조금 더 앞당겨진 거라 생각하고 한번 해보그라. IMF인지 환란인지 하고 말이다. 그렇게 싸울 놈은 니밖에 없다."

사장은 단호했다. 오래 전부터 구상해왔던 계획을 말하듯이 최강민을 설득하고 있었다.

"고 부장은 염려 말그라. 내한테 했던 것만큼 잘할 끼다. 어려운 일 생기면 고 부장하고 잘 상의해서 도움을 받그라. 알았나, 최 과장, 아니 최 사장!"

홍 사장의 말을 듣고 집에 돌아와 강민은 다시 한 번 생각을 정리해보았다. 청춘을 바치기로 결정하고 들어온 회사였다. 무엇보다도 일이 좋았다. 기계를 만지고, 설계를 공부하고, 전체 공정을 관리하는 일. 거기에다가 기술력을 쌓아 새로운 상품을 개발하고 인정을 받고 성장해 나가는 것은 최강민이 생각해도 그것보다 의미 있는 일은 세상에 없는 것 같았다. 좋아하는 일을 하면서 내 몸을 움직여 그만큼 대가를 받고 살아간다는 것! 그것만큼 행복한 일이 어디 있겠는가. 사장이 처음 강민을 보았을 때 '기름밥을 먹을 놈이 여기서 딴 짓을 하고 있다'고 말했던 것이 기억났다. 그런 뜻을 품고 들어온 회사가 이렇게 쉽게 무너지는 것을 두고보는 것도 쉽지 않은 일이다. 여기서 물러서는 것은 너무 쉽게 포기하는 것이라는 생각이 들었다. 위기는 기회라는 말이 지금처럼 딱 들어맞는 경우도 없는 것 같았다. 일개 생산과장에서 단숨에 한 회사를 책임지는 위치에 오를 수 있는 것도 흔한 경우는 아니다. 어려운 시대, 가혹한 조건 속에서 오히려 내 뜻을 제대로 펼칠 기회를 앞당겨 얻은 것인지도 몰랐다. 그렇게 해서 결국 최강민은 결심을 굳힌 것이다.

　"아, 정말 덥다 더워."

최강민은 책상에서 일어나 기지개를 켰다. 매미 소리는 여전히 요란하게 울려 퍼지고 있었다. 일요일이라 공장은 텅 비어 있었고 사방이 조용했다. 최강민은 책상 옆 캐비닛을 열고 컵라면 하나를 꺼냈다. 오늘 저녁은 이걸로 때우고 잠깐 눈을 붙인 다음 다시 책을 파볼 생각이었다. 이 책까지 독파하면 휴대폰 케이스 외관을 코팅할 때 발생하는 공정 상의 에러를 잡아낼 수도 있겠다는 확신이 들었다. 어쩌면 오늘 밤도 꼬박 새우게 될지도 모르겠다는 생각을 하면서 최강민은 컵라면을 들고 살짝 웃음을 지었다.

다시 꿈틀거리는 마음

1998년 봄 최강민은 결혼식을 올렸다. 원래는 식을 미루고 좀더 상황이 정리된 다음에 다시 날짜를 잡자는 의견도 있었지만 양가 어른들이 인륜지대사를 마음대로 할 수 없다고 엄포를 놓는 통에 어쩔 수 없이 예정대로 결혼식을 치러야 했다. 최강민의 처가 쪽에서도 사위 될 사람의 회사가 하루아침에 무너졌다는 소식을 모르는 바는 아니었다. 하지만 워낙에 강민의 장인 될 사람이 강민을 잘 보았기에 오히려 최강민에게 힘내라고 응원을 보낼 정도였다. 최강민의 부모님이 감사한 마음으로 사돈들의 손을 잡았음은 두말할 필요가 없는 일이었다. 왁자지껄 잔칫집 같은 결혼식을 기대했었지만 강민의 바람은 이루어지지 않았다. 누구도 그런 말을 하지 않았지만 앞날을 알 수 없는 상태에서 사랑하는 여자를 데려온다는 생각 때문에 최강민은 결혼식 내내 표정이 굳어 있었다. 나중에는 결혼식 사진사가 신랑이 너무 안 웃어서 사진이 제대로 나올지 모르겠다고 너스레를 떨 정도였다.

결혼식 다음날, 신혼여행도 미루고 최강민은 회사로 출근했다. 도저히 회사일이 걱정되어서 마음 편히 여행을 떠날 수가 없던 것이다.

최강민을 제일 고통스럽게 했던 것은 몸이 힘든 것이 아니었다. 몸이 힘들다는 것은 그래도 무엇인가 할 일이 있다는 것을 뜻했다. 그런 의미에서 몸이 힘들 때가 가장 행복한 시간이었다. 차라리 아무것도 할 수 없을 때가 고통스러웠다는 편이 옳았다. IMF 후폭풍에 시달리던 초창기, 어디서도 일을 주는 곳이 없었다. 업계에서는 이미 유진테크론 홍두식 사장이 사업을 접고 이민을 떠났다는 소문이 파다하게 퍼졌기 때문이었다. 사장이 원래 알고 있던 거래처에서는 새로 바뀐 초짜 사장을 신뢰하지 못하는 눈치였다. 그렇지 않아도 도산 기업들이 늘어가는데 최강민이 인수한 유진도 곧 그렇게 될 거라는 불신이 컸다. 아무리 매달리고 애원해도 소용이 없었다.

결국 다시 처음부터 사업을 시작한다는 마음으로 뛸 수밖에 없었다. '유진테크론'이라는 이름을 버리고 새로운 회사명으로 다시 시작하자는 직원들의 의견도 있었지만 그것만은 할 수 없었다. 비록 홍두식 사장이 회사 이름을 바꾸지 말라고 한 것은 아니었지만 이름을 바꾸어버린다면 홍두식 사장의 뜻을 해치는 것이라고 최강민은 생각했다.

'회사명은 그대로 가져가되, 제 2의 창업이라고 생각하고 밑바닥부터 다시 시작해야 한다. 그렇지 않으면 살아남을 수 없다!'

최강민의 생각은 그랬다. 바로 그때부터 사업의 방향을 전환했다. 이전까지는 설비 중심의 대량생산 체제를 지향하는 것이 바로 유진테크론의 사업 방향이었다. 무조건 더 많은 물량 수주를 받아서 제 2공장, 제 3공장으로 계속 설비를 늘려가겠다는 것이 홍두식 사장의 마스터플랜이었던 것이다. 그래서 외형을 키우는 쪽으로 움직인 것이 사실이었다. 적절한 계획 없이 비정기적으로 직원들을 뽑았고 더불어 업무가 중복되는 데도 불구하고 주먹구구식으로 새로운 부서를 만들기도 했다. 하지만 IMF를 거치면서 최강민은 한 가지 확실히 배울 수 있었다. 이제는 더 이상 지난 시대의 물량 위주 방식으로는 경쟁력을 키울 수 없었다.

큰 덩치는 많은 수익을 보장하는 것처럼 보이지만 그만큼 여러 가지 위험에 노출될 일도 많았다. 부실 구조를 개선하지 않고 무조건 금융권의 융자를 받아 사업을 확장했기 때문에 많은 기업이 쉽게 무너졌다. 게다가 덩치가 큰 경우 위험이 닥쳤을 때 유연하게 대응하기가 힘들다는 것도 깨달았던 것이다.

더군다나 이제는 컨베이어 벨트로 상징되는 소품종 대량생산 시스템에서 다품종 소량생산으로 넘어가는 시기였다. 최강민은 IMF 체제라는 외부 자극을 통해서 뒤늦게, 그것도 아주 충격적으로 그 사실을 깨닫게 되었다. 지난 몇 년간 밑바닥에서 보고 들은 것을 종합한 결과도 그랬다. 최강민은 고 부장을 대동하고 용산전자상가를 바닥부터 훑었다. 혹시라도 자신의 판단이 틀렸을까봐 정보를 수집하기 위해서였다. 휴대폰 사업은 최강민의 예측을 그대로 증명하고 있었다. 초창기인데도 불구하고 벌써부터 다양한 모델이 전시되어 소비자들의 시선을 끌어당기고 있었다. 최신 모델들이 정말로 쏟아져 나오고 있었다. 휴대폰은 출시된 지 몇 달만 지나도 낡은 모델로 취급된다는 것이 점원들의 말이었다.

'그렇다면 필요한 것은 기술력이다!'

최강민은 고부가 원천기술을 갖는 것이 최선임을 깨달았다.

기술력이 높다면 유진테크론을 외면했던 기업들도 결국은 다시 유진테크론을 찾게 될 것은 당연한 일이었다. 그리고 바로 최강민의 이러한 결심을 뒷받침해준 결정적인 사건이 일어난 것도 그에게는 커다란 행운이었다. 바로 현진기기의 신 과장이 유진에 합류한 것이다.

현진기기도 IMF를 비켜갈 수는 없었다. 현진기기가 부도 직전에 몰렸다는 소식을 들었을 때 최강민은 제일 먼저 신 과장을 떠올렸다. 그를 찾아야 했다. 그를 찾아 자기 사람으로 만들어야 했다. 신 과장만한 기술력을 갖고 있는 사람이 우리 회사에 합류한다면 이것보다 더 큰 호재는 없을 거라고 확신했다. 수소문한 결과 신 과장은 정리해고를 당하여 실의에 빠진 나날을 보내고 있었다. 하지만 그는 집에도 잘 들어오지 않았다. 신 과장의 아내가 근심스러운 얼굴로 몇 군데 술집을 가르쳐주었지만 거기에서도 신 과장을 찾을 수는 없었다. 그러다가 그가 사는 동네를 뒤지고 다니기를 일주일, 마침내 한 포장마차에서 신 과장을 찾았다.

"과장님!"

신 과장은 형편없이 망가져 있었다. 머리는 며칠째 감지 않아 지저분했고 입고 있는 옷도 언제 갈아입었는지 모를 정도로 더러워 보였다. 그 사이에 배는 더 나와 있었다.

"저예요. 유진 최강민입니다."

최강민은 신 과장의 집에 전화를 걸어 양해를 구하고 신 과장을 업어 근처 여관으로 옮겼다. 그리고 그가 술이 깰 때까지 기다렸다. 아침에 일어난 신 과장은 놀라는 눈치였다. 자신이 왜 이런 곳에 와 있는지, 어째서 최강민이 자신의 눈앞에 앉아 있는지 영문을 모르는 표정이었다. 최강민은 해장국집에서 신 과장과 아침을 먹으며 지난 사정 이야기를 했다. 대화를 나누어보니 자신이 이 사회로부터 철저하게 버림받았다고 생각하고 있는 신 과장의 마음부터 어루만지는 것이 급선무였다. 최강민은 서두르지 않았다. 다시 한 달의 시간을 더 갖고 천천히 신 과장의 마음을 얻기 위해 노력했다. 마침내 신 과장이 강민의 악수를 받아들였을 때, 최강민은 제갈공명을 얻은 유비의 심정이 어떤 것인지 알 수 있을 것만 같았다.

"고맙습니다. 신 과장님. 이제 우리 엔진 가동하는 일만 남았습니다."

신 과장이 들어오고 회사 체제를 정비하면서 고 부장과 신 과장은 각각 고 상무와 신 부장으로 한 단계씩 직급을 올리기로 하였다.

그렇게 하여 신 부장을 중심으로 기술팀이 꾸려지기는 했지만 자본이 없는 상태에서 연구를 하다는 것은 불가능했다. 결국 강민은 부모님께 받은 돈과 자신의 전셋집을 빼 자금을 만들었고, 고 상무도 살던 집을 내놓고 낡은 시영 아파트로 옮겼다. 신 부장도 마찬가지였다. 그동안 벌어둔 돈을 아낌없이 내놓았을 때, 오히려 최강민과 고 상무가 말릴 정도였다.

"이러면 내가 퇴로가 없을 것 같아서 결정한 거예요. 여기에 내 모든 걸 걸어 보려고요. 이제 저한테는 여기서 멈춰서 죽거나 아니면 앞으로 나가는 수밖에 없습니다. 사장님이랑 고 상무님이 저 책임지셔야 해요."

1999년부터 벤처 창업 붐이 일기 시작했다. 최강민과 고 상무, 그리고 신 부장은 그 이전부터 벤처나 다름없었다. 사무실에서 밤을 새며 쪽잠을 잤고, 목욕탕 가는 돈도 아까워서 공장 뒤쪽에 있는 수돗가에서 샤워를 했다. 위기는 수시로 찾아왔다. 처음 직원들에게 월급 줄 돈이 없어서 카드 대출을 받았을 때, 최강민은 간절하게 기원했다.

'제발, 다시 이런 일이 없도록 해주십시오. 제발!'

하지만 반년 만에 다시 회사 금고에 돈이 뚝 떨어졌을 때는 최강민도 포기하고 싶었다. 어떻게 해서든 직원들 월급만은 제대로 주고 싶었다. 그런데 또 다시 카드 대출을 받아야 하는 상황이 된 것이다. 그런데 고 상무가 사정을 알고는 돈을 구해 최강민 앞에 내놓았을 때, 강민은 입술을 깨물고 잠시 동안 아무 말도 할 수 없었다.

"처형이 이번에 땅을 팔아서 돈 좀 벌었더라고요. 아직 제 주변에 이렇게 부자들이 있으니 얼마나 다행입니까. 소식 듣고 달려가서 바로 매달렸죠. 별수 있습니까? 허허허."

"제가 갚을 날이 있겠지요. 꼭 갚을 날이 있겠지요."

최강민은 다시 마음속에서 꿈틀거리는 힘을 느낄 수 있었다. 자신을 믿고 따라주는 사람들이 있는 한 결코 쓰러질 수 없었다. 약해질 수 없었다. 더욱 힘차게 앞으로 나가야 했다.

"사장님! 사장님!"

고 상무였다. 고 상무는 다급한 목소리로 최강민을 부르며 사무실 문을 벌컥 열고 들어왔다.

"아이쿠 깜짝이야."

최강민은 붉게 상기된 고 상무의 얼굴을 보며 말했다. 누가 다급한 목소리로 부르면 심장부터 쿵쾅거리기 시작하는 최강민이었다. 회사를 인수하고 벌써 2년이 지났다. 그동안 너무 많은 고비를 넘다보니 이제는 단련이 될 법도 했지만 맘처럼 쉽지 않았다. 이번 달 초에도 고 상무가 저런 식으로 달려 들어와 전해준 소식 때문에 크게 낙심을 했던 일이 떠올랐다. 한 창투사에서 자금지원을 위해 공장 실사를 다녀갔는데 결국 최종심사에서 탈락을 하고 말았다. 이제 더는 실망할 일도 없었다.

"고 상무님, 제가 전에 한 번 말씀 드렸잖아요. 어떤 큰일이 있더라도 제발 아무 일도 없는 것처럼 조용히 와서 얘기해 달라고요. 고 상무님이 한 번씩 이러실 때마다 제 심장이 터질 것 같다니까요."

최강민은 웃으며 고 상무를 바라보았다.

"아, 지금 조용히 말하게 생겼어요! 됐습니다. 됐어요."

고 상무는 입을 크게 벌리고 소리치고 있었다.

"공모전에서 우리가 1등을 했어요!"

"뭐라고요?"

최강민은 그 자리에서 벌떡 일어났다. 도저히 자신의 귀를 믿을 수 없었다. 유진테크론은 몇 달을 사이에 두고 두 군데 창투사의 실사를 받았다. 각 창투사에서 심사역이 나와 사업계획서를 바탕으로 공장실사와 재무제표 실사를 하고 돌아갔다. 그래서 결과를 통보해주기로 한 것이 이번 달 말까지였다. 그런데 이미 창투사에서 투자 포기를 통보한 다음이라 중소기업 지원사업에 낸 공모전에도 기대를 접은 상태였다. 그런데 공모전에서 1등을 해 20억 투자가 결정된 것이다. 아무래도 유진이 개발한 신기술이 높은 점수를 얻은 것 같았다. 그동안 최강민은 두 가지 기술을 개발했다. 그 첫 번째가 금형을 제작하는 몰드베이스 가공 기술이었다. 점점 다양해지는 휴대폰 디자인을 소화하려면 처음부터 금형을 정밀하게 만들어낼 수 있는 기술이 필요했다. 몰드 베이스는 바로 금형을 제작하는 기계였다. 붕어빵 틀을 만들어내는 기계인 것이다.

이제 유진테크론은 초정밀 몰드베이스를 제작하는 기술을 갖춤으로써 금형 설계부터 제품 생산까지 원스톱 시스템을 갖추게 된 것이다. 게다가 휴대폰 케이스에 발생하는 정전기를 방지하고, 안에 설치될 전자부품 간의 충돌을 막는 코팅재를 개발한 것은 전적으로 최강민의 공로라고 해도 과언이 아니었다. 이제 이 기술을 이용하면 단순한 휴대폰 케이스만을 제작하는 것에서 벗어나 전과 비교할 수 없이 더 높은 부가가치를 획득할 수 있었다.

"한 번만 더 말해주세요. 또박또박, 천천히요!"

고 상무는 환한 표정으로 최강민에 말했다.

"20.억. 을. 지. 원. 받. 게. 됐. 다. 고. 요!"

"만세!"

어느 틈에 신 부장도 곁에 와 있었다. 만세 소리는 신 부장의 목소리였다.

"진짜죠? 고 상무님, 진짜죠? 저 다시 만세 불러도 되는 거죠?"

최강민은 고 상무와 신 부장의 손을 잡았다. 그리고 크게 웃었다. 참으려고 해도 참을 수가 없었다. 해냈다. 드디어 해냈다. 지난 2년 간의 고생이 영화 필름처럼 떠올랐다. 최강민의 웃음 소리는 어느덧 울음소리로 바뀌어 있었다.

"사장님 요새 너무 약해지신 거 아녜요? 자꾸 그렇게 우시면……. 저희도 참을 수가 없잖습니까?"

고 상무도, 신 부장도 함께 울기 시작했다. 남자 셋은 그렇게 울고 있었다. 세 사람은 서로의 손을 잡고 한참을 그렇게 웃음과 울음을 반복했다. 그렇게 기분 좋게 울 수도 있다는 것을 최강민은 처음 깨달았다.

"고 상무님, 제 허벅지에 멍이 다 들었습니다. 이게 진짜인지 믿기 어려워서요. 정말 우리가 지원 대상으로 선정된 게 맞는 거죠?"

　"신 부장 자네도 그랬나? 하하하. 나는 집에 들어가면서 케이크까지 하나 사갔다니까. 집사람이랑 애들이 모두 놀라 자빠지더라구. 이 짠돌이 아빠가 웬일이냐는 거지. 그동안 쪼들려서 집에 뭘 사갖고 들어간다는 건 생각해본 적도 없었으니까. 그런데 정부지원이 결정되고 나니까 꼭 내 주머니에 돈 들어온 것처럼 마음이 푸근해져서는, 하하하. 사장님은 안 그러셨어요? 괜히 배부르지 않으세요?"

　"저도 마찬가지였습니다. 전 어제 바로 여수에 계시는 부모님한테 전화 드렸잖습니까? '아부지. 여기 큰아들한테 여수 갓김치 200통만 보내주소!' 하고 큰소리 쳤지요. 우리 거래처에 기쁜 소식 좀 알려야 할 것 같아서요."

　"사장님, 그럼 김치통에 '우리 돈 들어왔소!'라고 써서 돌리시려고요?"

　"저도 그 생각 안 해본 건 아닌데, 그렇게까지 하기는 민망하고요. 그동안 보살펴준 마음에 감사하다는 작은 성의 표시 정도죠. 웬 김치냐고 전화 걸어오면 그때 슬쩍 자랑 좀 하려고 합니다."

　"사장님, 우리 거래처가 180여 군데 되니까 나머지는 저희들 몫 맞지요?"

“하하하. 신 부장님! 딱 맞추셨습니다. 당연히 여기 계시는 고 상무님, 신 부장님, 그리고 우리 직원들한테 먼저 돌려야죠.”

그것은 정말로 놀라운 일이었다. 정부지원사업자로 선정되었다는 것은 그야말로 ‘공식적으로’ 유진테크론의 가능성을 인정받은 것이나 다름없었기 때문이다. 최강민은 지금까지 미꾸라지처럼 진흙탕 속을 온몸으로 헤엄쳐오다가 비로소 날개를 단 것 같았다.

물론 제한 조건이 없는 것은 아니었다. 유진이 3년 안에 지금보다 2배의 성과를 만들어내야 했다. 3년 안에 눈에 띄는 성과를 내야 한다는 말이었다. 하지만 최강민은 전혀 두렵지 않았다. 지금의 분위기라면 3년도 길게 느껴졌다. 1년 안에 손에 잡히는 가시적인 성과를 얻을 수 있으리라는 확신이 들었다. 게다가 최강민 옆에는 고 상무와 신 부장이 있지 않은가. 이제 훨훨 날아가는 일만 남았다는 생각이 들었다. 이 기분을 어떻게라도 자랑하지 않으면 가슴이 터질 것처럼 최강민은 행복했다.

혼자만의 결심

- ✔ IMF로 회사를 떠난 직원의 2/3를 재고용
- ✔ 휴대폰 업계 4위인 DK의 휴대폰 케이스 물량 수주
- ✔ 생산 라인 확충을 위해 중국 공장 적극 검토

최강민은 자신의 수첩을 보고 있었다. 투자 결정이 이루어지고 그 사이에 회사에서는 많은 변화가 일어났다. 먼저 그동안 개발한 두 가지 기술을 실현하기 위해서는 설비투자가 이루어져야 하는 시점이라는 판단에서 인원보충이 이루어졌다. 가장 먼저 IMF로 회사를 떠나야 했던 직원들에게 다시 연락을 했다. 소식이 끊기거나 다른 직종으로 이직한 사람을 제외하고 원래 인원의 2/3가 모였다. 그 어려운 시기를 혈혈단신으로 살아남

은 옛 직원들을 다시 만나니 최강민은 고맙고도 미안한 마음이 가득했다. 부름을 받고 달려온 사람들이 고마웠고 그동안 지켜주지 못해서 가슴 아팠다. 하나하나 모두 반가운 얼굴이었다. 그중에서도 양진숙이 가장 반가웠음은 말할 필요도 없었다.

"그런데 고 사장님은 어디 계세요? 인사 드려야 되는데."

"고 사장님이요?"

"고 부장님한테 사장 자리 넘기고 떠난 거 아니었어요?"

"아이구. 죄송하지만 고 부장이 아니고요, 제가 사장입니다."

"예? 전 당연히 고 부장님이 사장님 되신 줄 알고……. 죄송합니다. 이런 실수를 하네요. 과장님, 아니 사장님."

"괜찮습니다. 사실 우리 회사 방문하신 외부 손님도 다 고 상무님이 사장인 줄 알거든요."

DK의 물량을 따낸 것은 최근 들어 가장 혁신적인 성과 중의 하나였다. DK는 최근 급부상한 중견휴대폰 제조업체였다. 하지만 업계 1, 2위를 다투는 대기업 못지않은 성과를 내며 세간의 이목을 집중시키고 있었다. 바로 그 DK의 최신 휴대폰 기종들의 케이스를 유진테크론의 기술로 공급하게 된 것이다.

"그래서 말인데요, 중국 현지에 우리 공장을 세우는 것이 어떨까 싶습니다."

고 상무와 신 부장이 함께하는 회의 자리에서 최강민은 처음으로 자신의 포부를 털어놓았다.

"예? 중국에요?"

신 부장은 약간 놀라는 눈치였다.

"맞습니다. 중국요. 이제 우리도 생산시설을 강화할 이유가 생겼잖습니까? DK의 물량 납기를 제대로 맞추려면 본사의 공장만으로는 불가능하다는 거 잘 알고 계시잖습니까?"

잠깐 눈치를 보다가 신 부장이 말을 받았다. 고 상무는 생각에 잠긴 듯이 아무 말이 없었다.

"그런데 사장님, 그건 좀 무리가 아니겠습니까? 갑자기 상의도 없이 이런 말씀을 하시는 것도 그렇고. 또 한국을 놔두고 굳이 중국까지……. 거긴 비용 말고는 그다지 이점이 없지 않습니까? 기반 시설도 전혀 안 되어 있고."

"저는 앞날을 내다보는 겁니다. 물론 현재로서는 공장을 알아보는 일에서부터 직원 채용, 기술 전수까지 우리가 새롭게 도전해야 할 부분이 많습니다. 하지만 점점 생산 원가가 급상승하는 한국보다는 중국이 장기적으로 봤을 때 유리합니다. 또 지금 세계 유수 기업들이 중국으로 몰려들고 있어요. 중국이

각광을 받고 있는 거 여러분도 잘 아시잖아요? 우리는 이미 늦었어요. 차후에 중국 시장 진출도 염두에 두어야 하고요. 중국에 진출한 다국적 기업과 접촉하기도 훨씬 수월하니까요.”

신 부장은 끄응 소리를 내며 최강민의 이야기를 듣고 있었다. 최강민은 신 부장의 반응을 이해할 수 없었다. 당연히 최강민의 생각을 지지할 줄 알고 있었는데, 전혀 다른 반응을 보인 것이다. 가만히 듣고 있던 고 상무가 말을 꺼냈다.

“사장님. 저도 신 부장과 같은 생각입니다.”

최강민은 더욱 깜짝 놀랐다. 신 부장은 계속 말을 이었다.

“현재로서는 우리 유진이 지불해야 할 손실이 더 클 것 같습니다. 차라리 규모가 작더라도 지금 자본의 한도 내에서 한국에 제 2공장을 내는 것이 좋지 않나 싶습니다. 그보다는 차라리 당분간 제 2공장을 임대 형식으로 빌려서 쓰는 게 낫지 않겠습니까? 그렇게 되면 비용부담도 적어지고요. 중국 공장은 아직 시기상조가 아닐까 싶은데요.”

최강민은 갑자기 가슴이 답답해졌다. 신 부장이나 고 상무는 모두 마음 편한 소리를 하고 있는 것처럼 느껴졌다. DK는 1년에 생산하는 모델 수가 70여 가지나 되었다. 대기업보다 더 많은 신제품을 선보이고 그중에서 히트하는 제품의 생산량을 늘

려가는 그런 전략이었다. 그리고 바로 그런 방식 때문에 혁신적인 디자인을 선호하는 젊은층에게 폭발적인 인기를 얻고 있었다. 지금은 유진이 DK 전체 물량의 1/6만을 담당하고 있지만 생산력을 높여서 얼른 더 많은 물량을 공급하는 쪽으로 성장해가야 한다. 그래야 3년 전에 목표로 잡았던 것을 달성할 수 있었다. 하지만 신 부장이나 고 상무는 정부의 지원이 결정된 뒤로 조금 긴장이 풀린 것 같았다.

"고 상무님, 요새 맘이 편해지셨나 보네요?"

순간 고 상무의 낯빛이 확 변했다. 최강민도 말을 뱉어놓고 실수했다는 생각이 들었다. 하지만 이미 뱉은 말을 주어 담을 수는 없었다. 말이 나온 김에 더 밀고 나가자고 생각했다.

"우리가 어떻게 여기까지 왔습니까? 지금 안주하면 안 되지요. 안 그렇습니까? 고 상무님, 신 부장님?"

신 부장은 고 상무를 보고는 어색하게 고개를 끄덕였다.

"그동안은 규모보다는 기술력을 키우는 데 힘을 쏟았습니다. 그래야 했고 그럴 수밖에 없기도 했지요. 하지만 이제는 규모를 키워야 할 시기입니다. 중국이 가장 적지라는 판단입니다. 지금 한국에서 필요한 제 2공장 건설비용의 1/5이면 현지 자회사를 만들 수가 있어요. 저도 나름대로 시장조사를 해보고 말씀드리는 겁니다. 그렇게 되면 나머지 돈으로 기술 개발을 동시에 해나갈 수 있잖습니까? 그렇게 되면 기술력에 초점을 맞추겠다는 우리의 의지도 계속 지켜나갈 수 있는 거고요.”

“사장님!”

고 상무가 다시 입을 열었다. 최강민은 슬쩍 짜증이 났다. 고 상무가 자꾸만 자신의 말에 토를 다는 것처럼 느꼈다.

“그래도 한 템포 늦추어 가시는 게 어떨까요?”

“아니, 고 상무님. 오늘 왜 그러세요?”

“중국 공장은 좀더 신중히 생각해보고 하시는 게…….”

최강민은 갑자기 양진숙이 고 상무를 사장으로 착각했던 기억이 떠올랐다.

“아직까지 제가 예전 최 주임인 줄 아십니까? 자꾸 훈계를 하시려고 그러는데……. 됐습니다. 중국 공장 건은 그대로 진행하겠습니다.”

최강민은 수첩에 적힌 ‘중국 공장’ 건에 큰 동그라미를 친 뒤 소리 내어 수첩을 덮었다.

처음부터 언성을 높일 생각은 없었다. 중국 진출에 대한 생각은 우선 아이디어 차원에서 신 부장과 고 상무와 논의를 해볼 생각이었다. 하지만 예상과는 달리 회의가 끝나버리자 최강민은 기분이 더욱 나빠졌다.

'내가 좀 급했나?'

그런 반성이 드는 것도 사실이었다. 하지만 그런 생각도 잠시였다. 사장인 자신을 제대로 신뢰하고 있지 않다는 서운함이 더욱 컸기 때문에 반성은 쉽게 묻히고 말았다.

중국 진출 건은 예상보다 빠르게 진행되었다. 좀더 시간을 두고 생각해보려는 마음이 있었지만 며칠이 지나지 않아 잘 아는 거래처의 사장을 통해 중국 공장과 생산시설 설치를 책임져줄 사람을 소개받게 되었다. 그는 조선족 출신으로 먼저 진출한 많은 한국 기업들을 중국에 성공적으로 정착시킨 경력을 갖고 있었다. 청도 시내에 중국 정부와 연계된 사무실을 갖고 있으며 우리나라 중소기업청과도 협정을 맺고 있다고 했다. 그러니까 일종의 컨설턴트라고 보면 정확하다고 거래처 사장은 말했다. 거래처 사장도 적극 추천을 했고 직접 만나보니 사람이 호감을 주는 스타일이었다. 공장은 청도 지역에서 알아보기로 했다. 청도에는 산업기반시설이 잘 갖추어져 있고 한국 기업들도 많이 진출해 있어서 훨씬 자리 잡기 쉬울 것이라는 정보였다. 그렇게 중국 공장에 대한 대강의 윤곽이 드러나자 최강민은 우선 아내와 세 살 된 딸을 데리고 중국 공장 부지에 다녀오기로 했다. 신혼여행을 갈 수 없었던 아내를 위한 배려였다.

공장은 생각했던 것보다 훨씬 훌륭했다. 원래는 지역 직물공장 자리였는데 직물공장이 이사를 나가고 현재는 텅 비어 있었다. 예전의 제 2공장 규모보다도 2배 이상 컸고 임대료도 컨설턴트의 능력으로 더 싸게 계약할 수 있었다. 조금만 수리를 하고 내부시설을 조율하면 금세 작업이 가능할 것 같았다. 중국 공장이 자리 잡으려면 최소한 반년에서 1년 정도가 필요할 것이라고 최강민은 예상했다. 초창기에 확실하게 기반을 닦기 위해서는 최강민이 매달리다시피 붙어서 진두지휘해야 할 필요가 있었다. 본사는 고 상무에게 맡겨두고 중국 공장을 빨리 제 궤도에 올리는 것이 중요했다. 모든 계약을 끝내고 돌아오는 비행기 안에서 최강민은 그렇게 생각했다.

하지만 최강민이 중국에 다녀온 다음부터 회사 분위기는 조금씩 기묘하게 돌아가기 시작했다. 아내를 위해 몇몇 휴양지를 돌아오기는 했지만 겨우 4박 5일 간의 출장이었는데 출장 다음날 회사에 출근한 최강민은 뭔가 어색한 분위기를 감지할 수 있었다. 고 부장과 신 부장을 불러 몇 마디를 나누어보았지만 둘은 오히려 최강민의 질문에 의문을 표시하며 말했다.

"사장님 신경이 많이 날카로워지셔서 그런 거 아닐까요? 다들 별 문제 없는데요?"

그러고 보니 정말로 최강민 자신의 문제가 아닌가 싶은 생각이 들었다. 투자 지원을 받은 것은 좋았지만 3년 안에 달성해야 하는 목표가 내부가 아닌 외부에서 주어지다보니 마음이 점점 조급해지는 것이 사실이었기 때문이다. 한시바삐 회사의 영업이익을 확대해야 했다.

중국 자회사 이름은 '청도 유진전자 유한공사'로 결정되었다. 일은 순조롭게 진행되어 불과 2개월 만에 중국 공장은 제모습을 갖출 수 있었다. 중국 공장이 가동되고 다시 3개월이 지났을 때, 또 하나의 낭보가 날아들었다. 바로 국내 휴대폰 생산 업계 3위인 마이크로시스템과의 계약이 이루어진 것이다. 다음해부터 중국 쪽에 진출할 예정인데 부품 파트너로 유진테크론을 선정하겠다는 내용이었다. 최강민으로서는 생각대로 상황이 전개되고 있었다. DK의 물량과 마이크로시스템의 물량을 소화하고 기술 개발에 더욱 박차를 가하면 큰 성공을 거둘 수 있을 것 같았다. 더 이상 바랄 것이 없는 상황이었다.

"드디어 꿈이 이루어지는구나! 드디어!"

믿음을 저버리다

마이크로시스템과의 계약은 불행을 알리는 시작이었다.

"최 사장, 정말 이러기야?"

출근하자마자 DK 강 이사로부터 전화가 걸려왔다. 강민은 갑작스런 전화에 깜짝 놀랐다.

"이번에 마이크로시스템하고 계약했다며?"

"예, 맞습니다."

"마이크로시스템이 우리 DK랑 경쟁상대라는 거 알아요? 몰라요?"

"알죠. 하지만 이번 계약은 내수가 아니라 중국 진출에 대한 계약인데……."

"이 사람이 정말. 우리 DK도 중국 시장에 진출할 계획을 세우고 있다고 내가 말했어? 안 했어?”

어느새 강 이사의 말투는 반말로 변해 있었다.

“예? 아니 언제 그런 말씀을 하셨어요?”

“내가 고 상무한테 말했잖아? 그 사람이 아무 말 안 했어? 회사기밀이라고 넌지시 돌려서 말했으면 새겨서 들어야지, 이 사람들 아주 우리랑 거래 끝낼 생각으로 그랬구만. 내 최 사장 그렇게 안 봤는데 이게 지금 말이 돼? 사람이 최소한의 윤리가 있어야지.”

“강 이사님! 제가 찾아뵙고 해명하겠습니다. 그게 아니고요…….”

어떻게 변명을 해볼 새도 없이 강 이사의 전화는 끊어져버렸다. 황급히 DK로 전화를 걸었지만 회의 중이라는 비서의 말만 전해 들을 수 있을 뿐이었다. 강 이사의 휴대폰은 수신거부로 돌려져 있었다.

당황스러웠다. 최후통첩을 하듯 자기 할 말만 하고 끊어버리는 강 이사의 전화도 전화였지만 강 이사의 말을 제대로 자신에게 전해주지 않은 고 상무에게 화가 치밀어 오르는 것은 참을 수가 없었다. 최강민은 미처 인터폰을 누를 생각도 하지 않고 고 상무 방으로 달려갔다.

"아, 사장님!"

마침 고 상무는 신 부장과 함께 있었다. 얼마 전에 최강민은 사무실 건물을 사들여 고 상무에게 방을 내준 뒤였다. 둘은 최강민이 갑작스럽게 나타나자 놀란 눈치였다. 최강민은 화를 억누르며 강 이사의 전화 내용을 들려주었다. 고 상무도 충격을 받은 듯했다.

"강 이사가 중국 진출 건에 대해서 말한 적이 있었다면서요? 들으셨어요?"

고 상무는 곰곰 생각하는가 싶더니 대답했다.

"글쎄요. 굳이 기억해보라면, 그게……. 뭐라 의미부여할 정도의 말이 아니라 그냥 술자리에서 지나가는 듯 한마디 던진 것 정도인데요."

"아무리 사소한 거라도 나한테 보고해야 되는 거 아닙니까!"

최강민은 버럭 소리를 지르고 말았다.

"고 상무 때문에 DK가 날아갔어요. 이게 말이 됩니까? 우리 회사 납품 물량 50%가 날아갔다고요!"

몇 달 전부터 이제 최강민은 고 상무에게 더 이상 '님'이라는 존칭을 쓰지 않았다. 고 상무는 강민의 말을 듣더니 묵묵부답서 있었다.

“아니 사람이 왜 일을 그 모양으로 해요? 내가 우습게 보였어요? 사장한테 그런 걸 보고 안 하면 누구한테 해요! 신 부장한테 보고해요? 예?”

함께 서 있던 신 부장의 얼굴이 붉게 달아올랐다.

“사장님, 그게 어떻게 고 상무님 잘못입니까?”

갑자기 신 부장이 큰소리를 냈다.

“그럼 내 탓입니까? 그 말을 하고 싶은 거군요.”

“진정하십시오. 사장님. 지금 누구 탓이냐가 중요한 게 아니라 빨리 DK 이사님을 찾아가는 일이 우선 아닙니까. 아직 상황이 끝난 게 아니잖습니까?”

고 상무의 말이었다. 그때부터 일주일이 넘도록 최강민과 고 상무는 수시로 강 이사를 찾아갔다. 결국 만나긴 했지만 아무 성과도 없이 차가운 말만 듣고 돌아서야 했다.

“계약은 없었던 걸로 합시다.”

청천벽력 같은 소리를 듣고 회사로 돌아왔을 때, 중국 공장장으로부터 급한 전갈이 와 있었다. 최강민은 중국으로 급히 전화를 걸었다. 그런데 공장장이 아니라 생산과장이 전화를 대신 받았다.

“사장님! 큰일 났습니다. 공장 허가가……”

"무슨 말이야?"

"글쎄 저희 공장 허가가 안 났답니다. 그 조선족 컨설턴트라는 작자가 중간에서 장난을 친 모양입니다. 중국 당국에서는 무허가 영업으로 공장장님을 연행해 갔습니다."

"뭐라고?"

"그런데 그게 다가 아니었습니다. 알고 봤더니 이 공장도 원래 주인은 따로 있답니다. 그러니까 그 컨설턴트가 유령으로 내세운 작자하고 우리가 계약을 한 거예요! 사장님, 얼른 이쪽으로 건너 오셔야겠습니다."

최강민은 회사를 고 상무에게 맡겨두고 황급히 중국으로 날아갔다. 상황은 예상보다 더욱 심각했다. 그 사이에 원래 공장 소유주가 나타나서 중국어로 떠들어대기 시작했다. 사무실 책상을 주먹으로 쾅쾅 쳐대며 한참 핏대를 세우며 최강민을 몰아붙이고 있었다. 생산과장은 울상을 지으며 통역을 해 주었다.

"당장 시설을 다 철거하랍니다. 일주일 안에 해결하지 않으면 강제 철거하겠답니다. 불법점거로 고발하는 것은 물론이고, 그렇게 되면 우리 시설물이 다 압수되니 알아서 하랍니다. 사장님, 어쩌죠?"

만약에 그를 지켜보는 직원들만 없었다면 최강민은 자리에 주저앉고 말았을 것이다. 당연히 컨설턴트는 사무실을 폐쇄하고 자취를 감춘 뒤였다. 당장 한국으로 전화를 걸어 컨설턴트를 소개해준 사장을 찾았다.

"사장님! 전 어쩌면 좋습니까? 그 사람 정말 어딨는지 모르세요?"

"아 글쎄, 나도 누구 소개로 두세 번 만난 게 전부였다니까 그러네. 중국에 진출하려는 기업 좀 소개해달래서 마침 최 사장 생각이 나서 소개해준 거고. 나야 뭐 잘못이 있나?"

"사장님이 그 자식을 잘 안다고 하셨잖아요?"

"이 사람, 보자보자 하니까, 내가 언제 그랬어? 고맙다고 큰절할 때는 언제고 이제 와서 엄한 사람 붙잡고 늘어져? 내가 최 사장 소개해주고 10원 한 푼 받은 줄 알아?"

수소문하여 주중 총영사관의 노무담당관을 찾아갔다. 그는 최강민이 내민 각종 서류들을 검토하더니 혀를 차며 말했다.

"계약하기 전에 왜 안 오셨어요? 이거 다 가짜 서류들이잖아요? 그냥 만만하게 보시고 사업 시작하시면 큰 코 다치는 곳이 바로 중국입니다. 이거 참 제대로 사기 당하셨네요."

마지막 말만 하지 않았어도 최강민은 한 가닥 희망을 걸어

보려고 했다. 하지만 최종 선고를 내리듯 '사기' 당했다는 말을 하는 노무담당관의 말은 최강민을 절망의 구렁텅이로 밀어 넣었다.

급한 대로 총영사관에서 소개해준 창고에 기계들을 밀어 넣고, 중국인 직원들을 설득해 다시 공장을 가동하면 부르겠다고 말했다. 하지만 영문을 모르고 하루아침에 실직당한 중국인 직원들은 당장이라도 최강민의 멱살을 잡고 땅바닥에 패대기를 칠 기세였다. 화가 난 직원들을 한국인 간부들이 막아보려 했지만 역부족이었다. 중국 공안들이 출동해서 그들을 둘러쌌지만 서로 뭐라 이야기하며 손을 놓고 방관하고 있을 뿐이었다. 오히려 웃으면서 최강민과 한국인 간부들이 당하는 모습을 즐기고 있는 것처럼 보일 정도였다. 간신히 사태를 수습하고 보석으로 공장장을 빼낸 뒤 당분간 한국인 간부들을 청도 시내에 있는 숙소에 머무르도록 지시했다.

비행기를 타고 돌아오는 내내 최강민은 손이 부들부들 떨렸다. 공장을 장기 임대하는 데 들어간 돈은 물론이려니와 잘못하면 최신 시설까지 무용지물이 될 판이었다. 강민은 말이 나오지 않았다. 무슨 약을 먹은 것처럼 두 손이 떨리고 식은땀이 쏟아졌다. 어떻게 한국으로 돌아왔는지 하나도 기억할 수 없었다. 하지만 그게 끝이 아니었다.

인천 본사로 돌아왔을 때, 점심시간이 끝날 무렵이었는데도 불구하고 회사는 뭔가 어수선한 분위기였다. 최강민은 마치 자신이 자기 회사가 아니라 다른 사람의 회사에 처음 출근한 것처럼 어색한 분위기에 휩싸였다. 몇몇 직원들은 본관 앞에 서성이며 근심스러운 얼굴을 하고 있었다. 그들은 최강민을 보고 '아' 하는 탄식을 내뱉는 것 같았다. 그때, 영업부 이 대리가 달려왔다.

"사장님! 지금 어디서 오시는 길이세요?"

"왜들 이렇게 나와 있어?"

"중국에서 오시는 거 맞습니까?"

"왜 이래? 무슨 일이야?"

"고 상무님하고 신 부장님, 만나고 오시는 길 아니세요?"

"고 상무? 신 부장? 사무실에 있을 거 아냐?"

"사장님 정말 아무것도 모르세요?"

"이 대리, 미안한데 내가 지금 자네하고 말하고 있을 기운이 없어. 본론만 말하라고!"

최강민은 벌컥 화를 냈다.

"고 상무님이랑 신 부장님이 회사 그만두셨다면서요?"

“뭐야? 누가 그래?”

“사장님 출장 가 계시는 동안 책상까지 싹 정리해서 나갔습니다.”

“뭐, 뭐얏!”

최강민은 갑자기 숨을 쉴 수가 없었다. 마치 심장의 모든 혈관들이 터져나가는 것 같았다. 그러고는 최강민은 정신을 잃었다.

지금 당신이 보고 있는 것은 어쩌면 허상일 수 있다. 다른 사람의 반응은 살피지 않고 오직 자신의 눈으로만 들여다보고 자기 세계에 빠져 있다가 현실을 바라보니 잔뜩 포장을 하고 있는 자신을 발견한 것이다. 사실을 직면하는 것이 두렵거나 아니면 다른 사람들에 대한 사랑과 관심을 자기 방식으로 포장하고 표현했다가 받아들여지지 않는 현실에서 벽을 느끼고 고립되어 있을지 모른다.

일방적인 의사소통 방식은 상대방의 마음과 생각을 닫아버린다. 대부분 사람들은 의사소통을 잘못 생각하고 본인의 생각과 의견을 전달하는 것에만 집중한다. 하지만 이는 일방적인 의사소통에 불과하다. 진정한 의미의 의사소통은 내가 하고 싶은 말을 하고 내가 듣고 싶은 말을 듣는 것이 아니라 상대방의 입장에서 상대방의 말을 듣고 이해하는 것이다. 진정한 관심은 나의 기준이나 잣대를 버리고 상대를 그대로 존중하며 그 사람의 목소리를 듣는 것이다.

앞만 보고 달리는 경주마

내가 믿고 싶은 것만 믿는다

최강민은 한참을 기억을 더듬어 올라갔지만 답은 쉽게 찾아지지 않았다. 기껏 생각해낸 것이 중국 공장 때문에 서로 의견이 맞지 않았던 일이었다.

'그래, 그때 서로 마음이 상하기는 했지. 나만큼이나 고 상무와 신 부장도 답답했겠지. 하지만 비록 결과가 좋지 않기는 했지만 그건 분명 부당한 결정은 아니었던 것 같은데……. 겨우 그 정도 견해 차이로 고 상무와 신 부장이 회사를 떠난 것일까? 그렇게 오래 함께 고생하고 함께 기뻐하던 사람들이?'

최강민은 아무리 생각해도 이유를 알 수 없었다. 그 이유를 알 수 없었기 때문에 최강민의 배신감은 더 컸다. 하지만 그렇다고 이 상태로 다시 넘어갈 수는 없었다. 이 문제를 풀지 않으면 변화란 없을 것 같다는 간절한 생각이 들었기 때문이다.

"송 대표님, 아무리 생각해도 이유를 모르겠습니다."

최강민은 고민 끝에 송 대표에게 전화를 걸었다. 코칭을 하는 날이 아니었지만 송 대표는 반가운 목소리로 전화를 받아주었다. 송 대표는 최강민의 하소연에 귀를 기울이다가 문득 이런 말을 던졌다.

"최 사장님. 이런 이야기 들어보셨어요?"

송 대표는 잠깐 숨을 고르고 이야기를 했다.

"사람은 사실을 믿는 것이 아니고 자기가 믿고 싶은 것을 믿는다는 사실을요."

송 코치의 말을 듣자마자 최강민은 '아!' 하는 낮은 탄식을 내뱉었다.

"언젠가 어떤 분에게 들은 이야기인데요. 방송에서 이런 프로를 한 적이 있답니다. 가짜 역술인을 준비시켜서 이 사람에게 딱 한 편의 점괘만을 외우게 했죠. 그리고 사람들이 많이 지나다니는 곳에 간이 점집을 차리고 손님을 받은 거예요. 그런데 희한하죠? 나이 많은 분이건, 젊은 사람이건, 남자이건 여자이건 상관없이 모두에게 같은 점괘를 일러주었는데 점을 보고 나온 사람들이 한결같이 점괘가 자기랑 너무 딱 맞아서 놀랐다고 하는 거예요. 왜 그랬을까요?”

“그렇군요. 결국은 그 사람들이 모두 자기한테 맞는 말만을 골라서 들은 거군요.”

“맞아요. 자기 편의에 따라서 믿고 싶은 말만 골라 들은 거죠.”

최강민은 잠시 수화기를 들고 생각에 잠겼다.

“아! 송 대표님 알겠습니다. 제가 다시 전화 드리겠습니다!”

최강민은 전화를 끊자마자 서둘러 회사를 나왔다. 벌써 바깥은 어두어둑해졌다.

차를 몰아 도착한 곳은 평범한 주택가였다. 최강민은 전봇대 옆에 차를 세워두고 시계를 보았다.

pm 8시 10분

30여 분이 지났을까. 드디어 길 저쪽에서 눈에 익은 한 사람이 걸어오는 것이 보였다.

“신 부장님!”

최강민은 차에서 내려 신 부장에게 달려갔다. 신 부장은 최강민을 발견하고는 깜짝 놀란 얼굴로 그 자리에 멈춰 섰다.

강민은 간신히 신 부장을 설득하여 끌고 가다시피해서 근처 술집에 자리를 잡았다. 하지만 최강민도, 신 부장도 얼마 동안 아무 말도 할 수 없었다. 최강민의 마음속에는 다시 원망이 고개를 쳐들었고, 신 부장의 마음에는 미안함과 죄스러움이 겹쳐졌기 때문이다. 침묵 속에서 그렇게 시간이 흘러가고 있었다.

"신 부장님, 솔직히 말하자면 아직 부장님을 용서하지는 못하겠어요."

한참 뒤에야 최강민이 입을 뗐다. 신 부장은 줄담배를 피우며 소주잔을 목에 털어넣고 있었다.

"할 말 없습니다."

아마도 고 상무와 신 부장이 유진을 떠나고 최강민이 어떤 일을 겪었는지 대충 알고 있는 눈치였다.

"평생 신 부장님을 보지 않을 생각이었죠. 하지만 그냥 이대로 덮을 수는 없었어요. 그래도 차마 고 상무님한테는 못 찾아가겠더군요. 아직도 저한테 자존심이란 게 남아 있는가 봅니다. 그래도 신 부장님이라면 얘기를 해 줄 것 같았어요. 도대체 뭐가 문제였습니까? 뭐가 그렇게 서운했어요? 왜 저를 떠나신 겁니까?"

말을 하면서 흥분하지 않겠다는 결심을 한 최강민이었지만 울컥 치밀어 오르는 분노는 참을 수가 없었다. 당장이라도 신 부장의 멱살을 잡고 싶은 마음이 들 정도였다.

신 부장은 말없이 다시 담배에 불을 붙였다. 그리고 자기 손으로 소주를 따라 입에 털어 넣었다.

"그게 그렇게 궁금하셨어요?"

최강민은 고개를 끄덕였다.

"아무리 생각해도 저는 모르겠어요. 어떻게 우리가 이렇게 끝이 날수 있습니까? 내가 뭘 그렇게 큰 잘못을 했습니까? 예?"

최강민이 점점 더 흥분하며 신 부장을 몰아붙이자 신 부장은 작심한 듯이 최강민과 눈을 맞추고 그를 바라보았다.

"제가 한 말씀만 드리겠습니다. 사장님 변하셨어요. 20억 투자가 결정된 이후로 변했다고요."

최강민은 이해할 수 없었다.

"아세요? 언제부터인가 사장님은 예전에 저희 집까지 찾아와 저를 일으켜 세워주셨던 그 분이 아니었어요. 마치 눈가리개를 쓴 채 앞만 보고 질주하는 경주마 같았죠. 주변 사람들이 어떻게 되건 말건……. 그런데 지금 이런 말은 너무 늦은 것 같네요."

경주마는 주변을 보지 못한다

다시 송 코치를 만났을 때 최강민은 신 부장을 만났던 이야기를 꺼냈다.

"제가, 경주마 같았다는군요."

최강민의 말을 듣고 송 대표는 바로 그 말의 뜻을 알겠다는 듯이 가만히 고개를 끄덕였다.

"되돌아보니 정말 그랬습니다. 투자금을 받은 다음부터 웬일인지 마음이 조급해졌던 것 같습니다. 정해진 시간 내에 성과는 거두어야 하고……. 저로서는 하루빨리 회사를 정상화시키려고 했던 건데. 어느 순간부터는 저 혼자만 달려가기 시작했다고 신 부장이 그러더군요. 고 상무님이나 신 부장에게는 물론이고 직원들한테도 지시 일변도였답니다. 아마도 제 마음이 바쁘다보니 제 뜻대로 따라와주지 않는 사람들한테 화가 났던 것 같습니다. 그래서 무슨 인형처럼 그 사람들이 움직이기만을 바랐던 거죠. 그러다보니 공동의 목표 없이 저 혼자만 목적을 향해 뛰어갔던 것 같습니다."

최강민은 잠시 한숨을 내쉬었다.

"중국 공장 건은 그때까지 쌓인 것이 한꺼번에 터진 사건이었습니다. 그때 결정적으로 저에 대한 믿음이 깨졌다고 하더라고요. 직원들이 당연히 제 뜻을 따라줄 줄 알았는데……. 그때 마침 현진기기가 원래 자기 직원이던 신 부장에게 접근했고, 마음이 떠난 신 부장이 움직이자 고 상무까지 함께 떠난 것 같습니다."

송 대표는 안타까운 표정으로 강민을 바라보았다.

"신 부장님의 말을 들었을 때 마음이 어떠셨어요?"

최강민은 송 대표의 눈길을 피하듯이 고개를 돌려 창밖을 바라보았다.

"힘들었습니다. 가장 가까운 사람들한테도 내 마음을 이해시키지 못했구나, 그런 생각이 들었습니다."

송 대표는 알겠다는 듯이 얕은 탄식을 내뱉으며 공감을 표시했다. 그리고 잠깐 생각에 잠겼다가 입을 열었다.

"사장님, 거래처뿐만 아니라 직원들한테도 철마다 김치를
나눠주신다면서요?"

최강민은 그렇다고 대답했다.

"직원들이 좋아하던가요?"

"사실 좋아하지 않는 직원도 있는 것 같습니다. 하지만 뭐 제
마음을 표시하는 거니까요."

"그러면 직원들한테 직접 물어보고 김치 선물을 돌리신 건
아니군요?"

"예, 그냥 제 생각에 그렇게 하면 직원들이 좋아할 것 같아서
요."

"그럼, 직원들에게 일단 열심히 하자고 말했는데, 그 다음 사
장님이 갖고 계신 계획은 뭐였죠?"

"직원들과 함께 이익을 나누는 거죠. 구체적으로는 그리지
못하고, 어쨌든 어려운 시기를 함께 이겨낸 사람들인 만큼 기
쁨도 함께 나누는 것이 옳다고 생각했죠."

"그런데 그런 내용을 직원들한테 어떻게 전달하셨나요?"

"뭐, 특별히 구체적인 계획도 서지 않은 상태라 그저 머릿속
으로만 생각하고 있었죠."

송 코치는 다시 한 번 고개를 끄덕였다. 그리고 결정적인 질

문을 던졌다.

"그럼 최 사장님이 그렇게 선한 마음을 갖고 있었으면서도 사람을 잃게 된 이유가 무엇이었을까요?"

최강민은 송 대표의 말을 듣고 가만히 생각에 잠겼다. 평상시에도 그랬지만 특히 송 대표가 결정적인 질문을 던질 때에는 송 대표의 눈빛이 진실하게 최강민의 마음을 파고드는 것 같았다. 그 눈빛은 마치 '자, 제가 드리는 질문은 늘 답이 있습니다. 그것도 최 사장님의 마음속에 이미 존재하고 있답니다. 그걸 발견해내기시만 하면 되는 거예요' 하는 내면의 목소리가 담긴 것 같았다. 무한한 신뢰와 진심이 담긴 눈빛이었다.

최강민은 오늘 송 코치가 던진 질문들을 다시 떠올려 보았다. 그리고 보니 뭔가 한 가지로 생각이 압축되는 것을 느낄 수 있었다.

'왜 내가 고 상무와 신 부장을 잃었을까. 비록 술을 먹긴 했지만 어째서 직원들이 내 방까지 찾아와 삿대질을 하는 상황에까지 이르렀을까.'

"아! 대화……? 대화를 제대로 안 한 거군요!"

최강민은 비로소 자신의 문제가 무엇이었는지 깨달았다. 목표를 위해 전력 질주하는 건 좋았다. 하지만 그것은 어디까지나 최강민만의 목표였다. 그 목표를 공동의 목표로 설정하는 데 실패했던 것이다. 충분히 공동의 목표로 설정하여 함께 힘을 모을 생각을 하지 않고 무조건 혼자서 치고 나아갔던 것이다. 게다가 당시에는 고 상무에 대한 원망도 있었다. 고 상무가 자신을 얕잡아보고 있지는 않은지 의심을 했던 것이다.

중국 공장을 생각하던 당시에는 고 상무가 의견을 개진하는 것도 못마땅했다. 자신을 사장으로 대접해주고 있지 않다는 생각이 강렬하게 최강민을 지배하고 있었다.

'그래, 그래서 내가 더 세게 나갔던 거구나. 내 쓸데없는 자존심 때문에. 하지만 그런 내 마음을 미리 터놓고 고 상무와 상의했다면 결과는 어땠을까.'

송 대표는 싱긋이 웃으며 최강민을 바라보았다.

"최 사장님의 말씀을 듣고 보니 저도 유진테크론의 문제가 무엇이었는지 조금씩 알 수 있을 것 같은데요?"

강민은 안도의 숨을 내쉬었다. 이제야 비로소 자신의 마음을 옥죄고 있던 고통의 원인을 발견한 것이다. 직원들과 대화하고 소통하는 것. 그런데 바로 그렇게 쉽게 생각했기 때문에 문제라고도 생각하지 않고 방치했던 것이고, 이렇게 문제가 커져서야 비로소 발견해낸 것이다.

"어쨌든 사장님, 대단하세요. 어떻게 신 부장님을 직접 찾아가서 만날 생각을 하셨는지. 그렇게 문제가 생기고, 해결 방법이 보이면 직접 몸으로 부딪쳐서 얻어내는 실행력이 최 사장님의 큰 장점이라고 생각합니다."

최강민은 송 대표의 칭찬에 얼굴이 화끈거리면서도 기분이 좋았다. 조금씩 희망이 보이는 것 같았다. 문제를 찾았으니 다시 시작할 수 있겠다는 희망이었다. 신 부장은 너무 늦었다고 말했지만 송 대표는 달랐다. 송 대표와 이야기를 나누면 뭔가 하나둘 정리가 되고 문제를 객관적으로 보게 되는 것 같았다. 그리고 뒤바꾸지 못할 과거보다는 앞으로 다가올 미래를 생각하게 되었다. 아무것도 모를 때는 그저 절망스러웠는데 지금은 아니었다. 이런 게 바로 코칭이구나. 그런 생각이 절로 들었다.

"그럼 오늘은 마지막으로 한 가지만 더 질문할게요. 이제 직원들과 '대화'를 하기 위해서 어떤 방법이 필요할까요?"

"눈가리개를 떼어야죠!"

최강민은 송 코치와의 대화를 끝내고는 처음으로 사회에 발을 내딛던 순간의 첫 마음을 떠올려보았다.

첫 마음

영업 구역을 정하기로 한 전날 밤까지도 최강민은 깊은 생각에 사로잡혀 있었다.

'열정이란 게 과연 무엇일까. 패기란 또 무엇일까.'

최강민은 처음에 그것이 코뿔소가 뿔을 들이밀면서 앞으로 돌진하듯 힘차게 앞으로 나아가는 것으로 생각했다. 그러한 힘이 열정과 패기라면 자신에게는 언제나 그런 힘이 가득하다고 스스로 믿어 의심치 않았다. 그런데 인사부장은 오히려 최강민에게 열정과 패기가 없다고 하지 않았는가. 그래서 자신을 떨어뜨렸다고 하지 않았는가. 생각할수록 가슴이 답답해졌다.

'그럼 도대체 열정과 패기란 건 무엇일까. 그런 상식적인 수준의 답은 해답이 아니었던 것일까.'

사무실로 들어서기 전 최강민은 잠시 화장실에 들러 거울을 쳐다보았다.

'묻고 배우고 실행하자.'

이것은 교육 받으면서 최강민이 스스로에게 만들어준 좌우명이었다. 최강민은 자신이 다른 사람들보다 한참 부족하다는 것을 알고 있었다. 그러나 아는 것은 없지만 배울 준비는 되어 있다. 최강민은 그렇게 생각하기로 했다. 내가 먼저 묻고 배우고 실행하자. 대신 한 걸음만 물러서서 전체를 바라보자고 결심을 한 것이다. 이제 첫 관문이 바로 영업 구역을 선택하는 일이었다.

"자, 지난주에 말씀드린 대로 지금부터 담당 구역을 정하도록 하겠습니다. 원래는 입사 성적순으로 배치하기로 했지만 내부 지침을 바꾸어 지원제로 결정하기로 한 건 모두 알고 계시죠? 자발적인 선택이 영업 능력을 더욱 향상시킬 수 있을 거라는 기대 때문이기도 합니다. 모두들 나름대로 각 지역에 대한 분석을 이미 끝내셨을 테니까 자기 능력을 최대한 발휘할 수 있는 곳으로 신중하게 지원해주시기 바랍니다. 다만 지원자가 중복되는 지역만 성적순으로 배치하도록 하겠습니다."

팀원들이 모두 모이고, 팀장이 말을 마치자마자 최강민은 번쩍 손을 들었다.

"팀장님, 전 여기 있는 모든 사람들이 선택을 하고 남은 마지막 지역을 맡고 싶습니다."

여기저기서 웅성거리는 소리가 들렸다. 사실 이것은 최강민이 준비한 회심의 일격이었다. 지역이 어디든 최강민은 밑바닥부터 자신의 실력을 시험해보고 싶었다. 애써 좋은 조건을 찾아 안정된 출발을 하기를 원하지 않았던 것이다. 더군다나 모두들 꺼리는 지역에서 성과를 거두면 그것은 더욱 부각될 가능성이 높았다. 또한 과도한 지역 경쟁을 피하면서 자기가 원하는 지역을 공개적으로 선점할 수 있는 방법이기도 했다.

외국계 기업의 본사가 많이 들어서 있는 강남구와 서초구, 국내 대기업을 비롯한 각종 증권사와 경제경영관련 기관들의 본산이라고 할 수 있는 여의도가 속한 영등포구 등 많은 지역이 치열한 경합을 벌인 대표적인 지역이었다. 지역 선택이 끝나고 드디어 남은 곳은 한 곳이었다. 바로 구로, 강서구 지역이었다.

최강민은 고개를 끄덕였다. 그의 예상이 맞았던 것이다. 구로, 강서 지역은 광고주가 될 만한 회사가 별로 없었다. 구로공

단 쪽에 많은 회사들이 몰려 있기는 했지만 대부분 신문광고를 내기 힘든 영세한 회사들이 많았다. 따라서 구로, 강서 지역은 회사 수가 많은 만큼 엄청나게 발품을 팔아야 하지만, 큰 성과는 내기 힘든 곳으로 교육 받을 때부터 이미 기피지역이었음을 최강민은 잘 알고 있었다.

지역 선택이 끝나고 흩어지는 동기들 사이로 나종찬이 다가왔다.

"야, 최강민! 너 제정신이냐? 왜 미리부터 게임을 포기해?"

"이미 다 예상한 거야. 형."

"뭐?"

"그냥, 나를 한번 시험해보고 싶었어."

최강민의 말을 듣고 나종찬은 피식 웃었다.

"생각한 게 있구나?"

"형 도움이 컸지 뭐."

최강민은 속으로 생각했다.

'웃으며 한 발짝 뒤로 물러서라!'

그리고 나종찬에게 어깨동무를 하며 말을 덧붙였다.

"자, 이제 우리 제대로 한번 붙어봐야죠?"

나종찬은 잠깐 놀랐다. 그러다가 최강민의 말뜻을 알겠다는 듯이 웃으며 최강민이 내민 손을 덥석 잡았다.

"그래, 우리 잘해보자."

바로 그날부터 최강민은 구로와 강서구 지역에 뛰어들었다. 회사에서 알려준 기존 거래처는 정말로 몇 군데 되지 않았다. 하지만 함께 제공된 해당 지역의 업체 리스트를 보니 최강민은 놀라지 않을 수 없었다. 최강민이 상상했던 것보다 더 엄청난 수의 업체가 존재했던 것이다. 최강민은 우선 지도를 놓고 전체 지역을 일곱 개 블록으로 나누기로 했다. 이틀에 한 블록씩 순회한다고 계산하면 총 14일이 소요되고 그중에서 가능성 있는 업체 리스트를 다시 뽑아 방문하는데 6일을 배정했다. 그리고 남은 3일은 다시 광고 수주 가능성이 높은 업체를 마지막으로 한 번 더 방문하기로 했다.

한 선배는 최강민이 자청해서 이 지역을 맡았다고 할 때부터 기가 막히다는 반응을 보였다. 그리고 기존 거래처에 갈 때 몇 번을 동행해주더니 나머지는 알아서 하라는 식이었다.

"이봐, 내가 그냥 가능성이 높은 업체를 찍어서 줄 테니까 그런 델 가봐. 영세한 업체에서 어떻게 우리 같은 경제지에 광고를 내겠어. 용기는 가상한데 뭘 좀 알고 덤벼야지. 언제 여길

다 가려고 그래. 젊은 사람이 이렇게 융통성이 없어서 어떻게 영업한다고……."

하지만 최강민은 빙긋이 웃을 뿐 선배의 말을 따르지 않았다. 우선은 자기가 맡은 지역의 실체를 눈으로 파악해보고자 하는 마음이 컸다. 그러기 위해서는 서류만 가지고 업체의 현황을 파악할 것이 아니라 직접 발로 뛰어 사람을 만나야 했다. 일주일 교육을 받으면서 내린 결론도 그것이었다. 영업이란 게 결국은 사람이 중요한 것이기 때문에 사람을 만나야 했다. 언제나 가장 좋은 방법은 가장 단순했다. 묻고 배우고 실행하는 것. 그리고 하나 더. '뛰어다니면서' 묻고 배우고 실행하기로 마음먹었다.

"안녕하세요. 첨 뵙겠습니다. 영업사원 최강민입니다!"

"응? 무슨 신문? 아니 우리가 뭐 이런 데다가 광고를 낼 일이 있어야지?"

업체 사장들은 대부분 황당하다는 표정이었다. 어떤 사람은 약간의 비웃음이 섞인 표정으로 외면하는 사람도 있었다. 또 어떤 사람은 일하느라 바빠 눈도 마주치지 않을 때도 있었다. 하지만 최강민은 웃음을 잃지 않았다.

"거기다 명함 놓고 가요."

“예, 사장님, 오늘은 인사만 드리러 왔습니다. 혹시라도 회사에 어려운 일이 생기면 저를 불러주세요.”

영세 업체들이 많은 지역이었지만 그래서 좋은 점도 있었다. 대기업이나 중소기업들과는 달리 어느 회사든 공장 문을 열면 아랫사람들을 거치지 않고 바로 사장을 만날 수 있었던 것이다. 대부분의 사장들은 몇 안 되는 직원들과 함께 공장에서 일을 하고 있었다. 그래서 사장의 얼굴은 한 번씩 볼 수 있었고 사장의 얼굴을 보지 못했을 때는 그 밑의 간부급 직원과 인사를 나눌 수가 있었다. 그렇게 따지자면 첫 방문치고는 성과가 좋은 셈이었다. 그러나 예상과는 다른 점도 있었다. 업체당 소요 시간이 평균 1시간은 소요되었다. 게다가 이동 시간까지 고려한다면 족히 1시간 30분은 필요했다. 물리적인 시간이 절대적으로 부족할 거라는 선배의 지적은 옳았다. 최강민은 다시 동선을 고려하여 방문할 업체 수를 줄였고 간신히 14일 동안 예정된 업체를 방문할 수 있었다.

그렇게 한 번의 사이클이 지나가고 두 번째 방문에서는 왠지 모르게 조금 더 편안한 마음으로 회사를 찾을 수 있었다.

“사장님, 저 또 왔습니다. 별일 없으시죠? 최강민입니다!”

“아, 그때 그 사람이네. 또 왔어? 목소리는 또 왜 그래?”

“예, 목이 좀 쉬었습니다. 제가 워낙에 인사를 잘해서요! 그
래도 아주 듣기 싫지는 않으시죠?”

“하하, 사람 참……”

“여기 납품하실 박스인가 본데, 제가 좀 옮겨놓을까요?”

최강민은 사장의 말을 기다리지도 않고 팔을 걷어부쳤다. 박
스를 옮겨 놓으면서 최강민 스스로도 놀랐다. 자신에게 이렇게
적극적인 성격이 숨어 있는지 몰랐다. 상대의 얼굴이 익숙해진
다는 게 업체 사장들보다는 자기 스스로에게 더욱 도움이 되는
것 같았다. 최강민 스스로 먼저 나서서 도움을 줄 만큼 마음에
여유가 생겼던 것이다. 그렇게 업체들 순회를 하다 보니 좋은
정보도 들을 수 있었다.

“사실 우리도 광고가 필요하지. 근데 우리 같은 업체들은 상
품광고가 아니라 구인광고가 필요해. 대부분 납품하는 거니까
상품광고를 신문에 할 필요는 없고.”

실제로 현장을 돌아보니 영세 업체의 사원들이 들고 나는 횟
수가 생각보다 잦았다. 봉급에 조금만 차이가 있어도 이직을
해버려 자고 나면 사원들이 바뀌는 경우가 부지기수였다. 대우
가 박하다보니 직원들한테 무조건적인 충성을 기대하기도 어
려웠다. 알음알음으로 직원을 충당하는 게 대부분이었던 것이

다. 그런 상황에서 제대로 된 인력을 공개 채용할 수 있다면 회사로서는 커다란 인적 자산이 될 수 있을 터였다.

"그런데 돈이 무서워서 어디 신문에 광고를 낼 수가 있나?"

최강민은 고개를 끄덕였다. 역시 비용이 문제였다. 업체들로서는 엄청난 신문광고 비용을 치르면서까지 직원을 구할 여력이 없었다. 가격 대비 성과의 측면에서 보자면 그건 분명 효율이 낮은 선택이었다. 하지만 업체 사장들의 마음속에서도 분명 광고에 대한 기대감은 존재하고 있었다. 잦은 직원 이동에서 오는 손실을 따져본다면 제대로 된 광고를 내서 좋은 사람을 찾는 것이 훨씬 나은 선택이 아닐까 하는 마음들을 모두 가지고 있었던 것이다.

'구인광고는 필요한데, 비용이 문제라면……, 아 이걸 어떻게 해결해야 하지?'

그러나 섣불리 사장들에게 해결책을 제시할 수는 없었다. 다만 '잠재적 수요'가 존재한다는 것을 확인한 것만으로도 최강민에게는 커다란 수확이었다.

업체 순회를 시작한 지 20일이 지나고 이제 드디어 한 달에서 정확히 3일이 남게 되었다. 물론 예상했던 대로 그동안 아무런 성과도 낼 수 없었다. 퇴근 무렵 회사로 들어가 다른 동기생들은 신이 난 것처럼 보였다. 어느 기업 광고를 수주할 가능성이 있다, 업계 몇 위의 광고 담당자를 만나 안면을 텄다 등 들리는 소리는 모두 최강민을 움츠러들게 만들었다.

하지만 이에 굴할 최강민이 아니었다. 패배감은 한 번으로 족했다. 어차피 한 달이라는 시간이 정해져 있다면 그 기간 동안만이라도 최선을 다해보자는 생각이 들었다. 그렇다면 패배감에 휩싸여 남은 시간을 그대로 보낼 수는 없지 않은가. 최강민은 다시 한 번 자신의 좌우명을 떠올렸다. 그리고 각오를 새롭게 다지며 구두 굽이 닳도록 뛰어다녔다. 그동안 최강민의 아침 기상 시간은 7시였다. 그런데 다시 한 시간을 앞당기기로 했다. 6시에 일어나 간단한 세면을 마치고 옷을 차려 입은 뒤 7시 30분 무렵에는 그날의 첫 번째 업체에 도착하기 위해서였다. 이미 첫 번째 방문 때 깐깐하고 까다롭게 굴었던 사장들을 기록했다가 그 회사 일과가 시작되기 전, 사장들을 만났다. 시간을 소중하게 생각하는 사람들일수록 자신이 필요로 하지 않는 일로 일과 시간을 허비하는 것을 싫어했다. 그래서 일부러 생각해낸 방법이었다. 확실히 일과가 시작되기 전에 만나는 방법은 효과가 있었다.

"뭐야 이 사람?"

“예, 지난번에 한 번 뵈었죠? 최강민이라고 합니다.”

“나 참, 아니 우리 같은 사람들한테 공 들여봤자 건질 게 없을 텐데 정말 답답하네. 게다가 아침 댓바람부터?”

“사장님! 인간관계가 어디 꼭 무슨 성과가 있어야만 가능한 건 아니지 않습니까? 저는 아무것도 모르는 영업 초짜지만 그냥 이렇게 부지런한 사장님들 뵈면서 배우는 것도 많습니다. 너무 야박하게 내치지 마세요! 아, 그리고 사장님께선 언제까지나 이 자리에 머무실 것도 아니지 않습니까? 짧은 소견이지만 이 정도로 성실하신 분이라면 몇 년 안에 저 같은 사람이 꼭 필요하실 것 같습니다. 그때 되면 저 같은 사람이 어떻게 사장님을 뵐 수 있겠습니까. 그래서 이렇게 미리 인사드리는 겁니다. 또 제가 사장님 시간을 소중하게 생각한다는 의미에서 이렇게 아침부터 나와서 기다렸습니다. 용서하십시오!”

“말은 참……, 근데 자네 밥은 먹었나?”

대부분 일과 시작 전에 회사에서 밥을 대놓고 먹는 근처 식당에서 아침을 먹는 사람들이 많았다. 그래서 운이 좋은 날이면 사장과 아침을 먹을 수 있었다. 함께 밥을 먹고 나면 예전보다 훨씬 훈훈해진 분위기를 느낄 수 있었다. 그렇게 아침 시간을 보내고 오전 내내 예정했던 업체들을 돌아보았다. 최강민은 점심 먹는 시간도 아까워 빵과 우유로 대충 때우거나 식당에 들어가서도 국물과 함께 빨리 먹을 수 있는 음식을 시키고는 했다. 그것도 아니면 아예 밥을 거를 때도 많았다. 그렇게 해서 예정된 한 달이 다가오고 있었다.

첫 방문 때부터 비교적 호의적으로 최강민을 맞아주었던 업체를 다시 방문했을 때였다. 공장 안은 분위기가 굉장히 어수선한 상태였다. 사장은 안색이 변하여 허둥거리고 있었다.

"무슨 일이세요, 사장님!"

"사람이, 물품 더미에 깔려버렸어!"

공장에는 지게차 운전기사와 사장 말고는 아무도 없었다. 일을 마감할 시간이 다 되어서 대부분의 직원들은 퇴근한 뒤였고 나머지 직원 두 명도 물품을 납품하러 다른 공장으로 떠난 뒤였다. 최강민은 생각할 겨를도 없이 현장으로 뛰어 들어갔다. 적어도 30킬로그램은 되어 보이는 박스들이 창고에 나뒹굴고 있었다. 지게차 운전기사가 허겁지겁 상자를 들어내고 있었지만 쉽지 않아 보였다.

"저 밑에 사람이 있단 말예요? 사장님! 얼른 119에 전화 먼저 하세요."

최강민은 곧바로 박스를 향해 달려갔다.

정신없이 사고 처리를 한 뒤 사장을 배웅하고 버스 정류장에 섰을 때, 최강민은 비로소 큰숨을 내쉬었다. 최강민이 힘을 보태고서야 간신히 그 직원을 꺼낼 수 있었다. 나중에 알고 보니 그 직원은 바로 사장의 아들이었다. 제대 후 아버지를 돕겠다며 공장에 나온 지 일주일 만에 당한 일이었다. 다행히 큰 상처가 없었고 일주일만 안정을 취하면 퇴원할 수 있다고 했다.

최강민은 자꾸만 마음 한쪽이 허전하게 느껴졌다. 그리고 그 허전함은 금세 막막함으로 변했다. 어느덧 인사부장과 약속한 날짜가 이틀 앞으로 다가와 있었다.

연수가 끝나고, 인사부장의 방으로 들어가는 최강민의 어깨는 축 처져 있었다. 들어가면 무슨 말부터 해야 할지 몰랐다. 인사부장의 방에 호출을 받기 전, 최강민은 남들이 눈치 채지 못하게 책상 정리까지 마쳤다. 미리 마음의 준비를 끝낸 것이다. 그렇지 않아도 심란해하고 있는 차에 나종찬의 실적 얘기까지 들은 터라 더욱 의기소침해질 수밖에 없었다.

사실 연수 기간 동안 두세 명의 능력 있는 친구들을 제외하고는 대부분의 동기생들이 광고 수주는커녕 제대로 된 회사의 명함을 받아온 경우도 드물었다. 그나마 최강민이 가장 많은 업체의 명함을 확보해 주위를 놀라게 했지만 대부분 규모가 작은 회사의 명함이라 놀라는 것도 잠시였다. 그런데 나종찬은 달랐다. 어떻게 영업을 했는지 이름을 대면 알 만한 중견기업의 페인트 광고를 따낸 것이다.

소문에 의하면 친분관계가 있는 누군가의 입김이 작용한 것이라고는 하지만 동기생들 사이에서는 그것도 능력이라는 분위기가 대세였다. 최강민은 자신의 선택이 정말로 잘한 것이었는지 회의감이 들었다. 어떻게 해서든 남들과는 차별화된 성과를 거두어야 회사에 남을 수 있었다. 그러나 자신의 방법이 잘못된 것이라고는 생각할 수 없었다. 조금만 시간이 더 있었다면 좋겠다는 생각만 들었다.

"표정이 어두운데?"

부장은 소파에 앉아서 최강민을 맞이했다. 저간의 사정을 모두 알고 있으면서 괜히 마음을 떠보는 것 같아서 최강민은 더욱 속이 쓰렸다.

"예, 나름대로 최선을 다했지만……, 죄송합니다."

그런데 최강민이 고개를 들자 부장의 표정은 예상과는 달랐다. 한 달 전에 최강민을 만났을 때보다는 한결 부드러운 얼굴이었다.

"자네 그 구두 언제부터 신은 건가?"

부장은 갑작스럽게 최강민의 구두를 가리키며 말했다. 최강민은 자신의 구두를 내려다보며 아차 싶었다. 입사 기념으로 산 구두였는데 한 달 동안 워낙 험하게 신은 터라 어느새 뒤축이 다 닳고 접히는 부분에 주름이 많이 가서 몇 년은 신은 구두처럼 보였다. 게다가 먼지가 뿌옇게 앉은 채였다. 구두 닦을 시간이 있으면 한군데라도 더 돌고 싶은 심정이었다. 부장은 아마도 영업사원이라면 가져야 할 깔끔한 외모와 옷차림에 대해서 불만인 것 같았다.

"죄송합니다. 할 말이 없습니다. 그런데 솔직히 말씀드리면 정말 구두 닦을 시간이 없었습니다."

갑자기 부장이 껄껄하며 웃기 시작했다. 최강민은 무슨 일인가 싶어 놀란 눈으로 부장을 바라보았다.

"내 말을 잘못 알아들었구만. 사람 참."

부장은 차를 한 모금 넘기고 계속 말을 이었다.

"내가 이래뵈도 영업사원 출신일세. 그래서 얼마나 세일즈를 잘하고 있는지 한 번 보면 알 수 있지. 그런데 그 기준이 뭔지 아나? 바로 구두 굽일세."

부장은 손으로 최강민의 구두를 가리켰다.

"구두 굽이 많이 닳았다는 건 그만큼 열심히 뛰어다녔다는 거고, 먼지가 뿌옇다는 건 구두에 신경 쓸 새가 없을 정도로 바빴다는 말이 되네. 그런데 자네 구두는 이번 영업 사원들 중에서 제일 낡아 보이는 걸?"

부장은 흐뭇하게 최강민을 바라보았다.

"그리고 열심히 뛰는 길이 영업 사원한테는 최선이라는 걸 알고 있어도 실천하기는 쉽지 않지. 가장 기본적인 것이라서 오히려 소홀히 생각하기 때문이야."

부장은 일어서서 최강민에게 손을 내밀었다.

"열정과 패기는 아무 준비 없이 무조건 덤벼드는 걸 말하는 게 아니지. 그건 오만이라고 부르는 편이 적당할 거야. 내가 처음 자넬 봤을 때가 바로 그랬지. 그런데 이젠 좀 자네가 달라 보이네. 자기가 할 수 있는 한 최선을 다해서 뭔가 도전해본 사람만이 열정과 패기를 말 할 자격이 있지. 자네가 가장 많은 업체의 명함을 받아왔다구? 잘했네. 함께 일해보세, 우리."

함께한다는 것

최강민은 신문사에서 상사로부터 처음 인정받았던 때를 떠올리면서 다시 현실로 돌아왔다.

공장은 여전히 물량이 없어서 생산라인이 가동을 멈추고 있을 때가 더 많았다. 영업부 직원들이 열심히 뛰어다녀도 DK와 마이크로스시템 건이 워낙 타격이 컸다. 나쁜 소문이 퍼지는 바람에 다시 신규 수주를 따내기가 쉽지 않았던 것이다. 잃어버린 신뢰를 어디서부터 회복해야 할지 몰랐다. 최강민은 그 출발점을 지금까지 가장 소홀히 했던 분야에서부터 찾기로 했다. 그것은 기술 개발도 아니고, 영업 강화도 아니었다.

"뭐야?"

"아니, 사장님 왜 저러셔?"

"그러게 말야. 좀 이상해지신 거 같다?"

최강민이 처음 본관 문 앞에 서 있는 것을 본 직원들은 모두 놀랄 수밖에 없었다. 출근시간에 맞춰 사장이 직원들에게 일일이 인사를 하고 있었던 것이다.

"안녕하세요. 어서들 오십시오."

최강민은 환하게 웃으며 직원들을 맞이했다. 한 사람 한 사람 이름을 부르며 악수를 하고 밝게 인사하는 모습은 낯선 풍경임에 분명했다. 출근 시간에 맞추어 현관 출입문 앞에 서 있다 보니 모든 직원들을 다 만날 수 있었다.

"국회의원 유세하는 것도 아니고, 뭐니 저게?"

"에그, 그냥 두셔. 며칠 반짝하다 마시겠지. 요새 코칭인가 뭔가 하신다더니 그래서 저런 거 하시나?"

"저럴 시간에 수주하러 다니셔야 되는 거 아냐! 게다가 코칭이라구? 그게 뭔지도 모르겠지만 이 어려운 시기에 그런 걸 꼭 해야 돼? 이러다가 정말 회사 망하겠다."

출근 시간에 직원들에게 직접 아침 인사를 하겠다는 것은 순전히 강민의 아이디어였다. 회사의 분위기를 바꾸기 위해서는 일단 사장부터 솔선수범하는 것이 필요하다고 생각했다. 그래서 일부러 더 환하게 직원들에게 인사를 건넸다. 그렇게 하루

30분씩 직원들을 만났다. 당연히 직원들은 최강민을 이상하게 생각했다. 모두들 어색한 표정으로 인사를 받거나 당황한 표정으로 최강민 앞을 지나갔다.

'그래, 그때 내 입으로 사람이 중요하다고 떠들어댔는데. 그래서 홍두식 사장님한테도 대들기도 했었고. 그런데 내가 그동안 내 사람들을 소중하게 생각하지 않았구나. 이 사람들이 이런 나를 어색하게 생각할 정도니까.'

초심으로 돌아가자. 그것이 바로 최강민이 생각한 방향이었다. 다시 뛰기 위해서는 최강민 혼자만으로는 어려웠다. 전 직원들의 힘이 필요했다. 그러기 위해서는 직원들에게 공동의 목적의식을 심어주어야 했다. 이를 위해 먼저 그동안 소홀히 했던 직원들에게 최강민의 진심을 알려야 했다. 그러나 어떻게 하는 것이 가장 좋은 방법인지 답이 나오지 않았다. 그래서 송 대표에게 도움을 요청했다.

"사장님께서 직접 이야기하신다면 직원들이 자신들의 의견을 잘 말할 수 있을까요?"

"아닙니다. 아마 그러지 못할 것 같아요."

"그러면 제가 먼저 직원들과 대화를 나누어보는 것은 어떨까요? 직원들이 현재 회사 상황을 어떻게 이해하고 있는지, 무엇을 원하고 있는지 면담을 나눈 뒤에 내용을 정리하여 사장님께 보고 드리겠습니다. 그런 다음에 사장님께서 그 자료를 바탕으로 직원들과 대화를 하시는 게 어떨까요?"

최강민은 송 대표의 제안에 흔쾌히 동의했다. 송 대표가 직원들과 최강민의 중간에서 다리 역할을 해준다면 최강민이 훨씬 수월하게 직원들과의 관계를 회복할 수 있을 것 같았다.

그런 와중에도 아침 인사는 계속되었다. 열흘 째가 되던 날에는 비가 내렸다. 기온도 떨어져서 쌀쌀했지만 최강민은 자신과의 약속을 지키기 위해 다시 현관 출입문 밖으로 나갔다.

우산을 접고 들어서는 직원들은 비오는 날까지 최강민이 앞에 서 있는 것을 보고 깜짝 놀라는 표정이었다.

"아이구, 사장님. 오늘 같은 날은 그냥 안 나오셔도 되는데……."

"어머, 안 추우세요. 사장님?"

최강민의 인사를 받고 들어가는 직원들의 표정이 밝아져서 최강민은 힘을 낼 수 있었다.

직원들과의 일대일 면담을 끝낸 송 대표는 다시 최강민을

만났다. 최강민은 면담 결과가 궁금했다. 그 평가는 다음과 같
았다.

- 고 상무님과 신 부장님이 떠나서 회사가 반쪽이 된 것 같다. 따
  라가지 못한 내가 무능한 것 같아서 괴롭다.

- 고 상무님과 신 부장님이 떠난 뒤에 분위기가 완전히 다운됐
  다. 전체적으로 어수선하기만 하다. 중국 공장 일 때문에 문제
  라는 건 알겠는데 뭐가 문제인지 모르겠다. 회사가 도대체 어
  떻게 돌아가는 건지. 소문만 많아서 더 정신이 없다.

- 사장님은 우릴 못 믿는 것 같다.

- 언제나 확인한 걸 두 번, 세 번 확인하신다. 아마도 사장님이
  이 분야의 전문가라서 그러신 것 같다. 하지만 기분이 썩 좋지
  는 않다.

- 우리 생각을 듣기보다는 그냥 답답하신지 이러하라, 저러하라
  직설적으로 시키시는 경우가 많다.

- 언제나 고객이 먼저다, 라고 강조하신다. 뜻은 알겠는데 너무
  그러시니까 때론 소외감이 들기도 한다.

- 비전이 뭔지 잘 모르겠다. 그냥 매출 목표 달성하면 다 해결될
  것처럼 두루뭉술하게 얘기하시니까 우리도 매출만 보고 달려

왔다. 하지만 이젠 그 목표의 의미조차 잘 모르겠다.

예상을 하기는 했지만 막상 직원들의 목소리가 담긴 글을 읽고 있자니 최강민은 속이 쓰려오는 것을 어쩔 수는 없었다. 무조건 최강민이 직원들과 대화를 시도했다면 이런 솔직한 이야기는 들을 수 없었을 거라는 점을 알 수 있었다. 또한 바로 앞에서 직원들에게 이런 이야기를 들었다면 아무리 열린 마음으로 대화를 나누려고 했다 하더라도 감정을 다스리기가 쉽지는 않았을 것이다.

"직원들에게 이런 이야기를 들은 후에 최 사장님이 지금까지 겪으셨던 이야기를 들려주고 직원들의 이해를 구했습니다. 대부분 잘 몰랐던 사실을 알았다는 반응이었습니다. 고 상무와 신 부장의 일이나 중국 공장에 대한 이야기도 비로소 제대로 된 사실을 알았다고 말하는 사람이 많았고요. 특히 사장님이 아침마다 인사를 하러 서 계시는 모습이 진실하게 느껴졌다는 게 직원들의 중론이었습니다. 이제 중요한 건 그 다음입니다. 사장님."

송 대표는 바로 다음 문건을 보여주었다. '그럼 어떤 해결책이 필요할까요.' 하는 질문에 대한 직원들의 답변이라고 했다.

- 정기적으로 의견을 나눌 수 있는 모임 같은 걸 했으면 한다.

- 단합대회를 했으면 좋겠다.

- 허심탄회하게 대화를 나눌 수 있는 야유회 같은 걸 갔으면 좋겠다.

- 우리들도 좀더 적극적으로 변해야 한다. 사장님한테만 기댈 수는 없다.

- 하지만 어떻게 변해야 하는지는 모르겠다.

직원 면담을 통해 제안된 사항을 검토한 결과 최강민은 직원들과 함께하는 시간이 필요하다는 결론을 내렸다.

"직원들이 스스로 그런 이야기를 꺼내다니 저로서는 조금 놀라운 결과였습니다. 그만큼 간절한 뜻이 있었다는 것을 제가 모르고 있었다는 것도 반성했고요. 암튼 뭔가 해야겠다는 것은 알겠는데 어떻게 하는 것이 좋을까요?"

송 대표는 최강민의 이야기를 듣고 '위드코칭'에서 실시하고 있는 프로그램을 소개했다.

"직원들 사이의 단합을 이룰 수 있는 프로그램입니다. 쉽게 말하자면 여러 명이 함께 치는 탁구라고 생각하시면 된답니다."

"함께 치는 탁구요?"

"예, 일종의 게임인데요, 아마 큰 도움이 될 겁니다. 그 다음 은 최 사장님이 프로그램을 짜 보시겠어요?"

"그럼 그걸 한 뒤에 분임별 토론을 실시하기로 하면 어떨까 요? 그래야 게임의 성과가 그냥 묻히지 않을 것 같은데요? 그 렇게 해서 자발적인 동참을 이끌어내고 공동의 목표를 설정하 는 것이 좋겠습니다. 제 강요 없이요. 어떤가요? 괜찮습니까? 송 대표님?"

"그럼 그 목표설정에 사장님께서도 적극적으로 따르실 의향 이 있으신가요?"

"물론입니다. 생각해보니 제가 사장이 된 다음에는 우리 회 사, 한 번도 그런 기회가 없었어요. 이제 직원들 목소리를 제대 로 들어볼 생각입니다."

어느새 최강민은 자신의 의견을 적극적으로 말할 정도로 변 한 뒤였다. 송 대표는 미소를 지으며 동의했다.

하지만 점점 힘을 되찾아가는 최강민의 마음과는 달리 회사 의 상황은 쉽게 나아지지 않았다. 투자금은 이미 소진된 상태 였다. 투자금 중 1/3은 중국 공장을 세우는 데 이미 써버린 뒤 였고 나머지 2/3도 기술 개발을 위해 투입된 상태였기 때문에 회사 안에 가용할 수 있는 자금이 없었다. 게다가 그것으로도 모자라 최근에는 다시 기술 개발 자금으로 쓰기 위해 기술보증기금에 다시 5억의 빚을 진 상태였기 때문에 심리적인 압박감이 컸다.

최강민은 머리를 흔들었다. 어쨌거나 당장 지금이 중요했다. 자금이 말라버리면 애가 타기 마련이다. 앞으로 이틀 뒤, 직원 단합대회를 열기로 결정했지만 월급날은 바로 내일이었다. 최강민은 다시 사무실에 홀로 남아 생각에 잠겼다.

'내일이 월급날인데, 월급날 월급도 주지 못하고 단합대회를 한다니, 그럴 수는 없지 않은가.'

최강민은 다시 한 번 깊은 한숨을 내쉬었다. 하지만 코칭을 받은 다음이라서 그럴까. 예전처럼 오랫동안 절망에 빠져있지는 않았다. 예전에 현금서비스를 받아 월급을 주었던 때를 떠올렸다.

'두 번째는 고 상무님 도움으로 위기를 넘겼었지.'

최강민은 고 상무의 얼굴이 떠올랐다. 고 상무를 생각하자 마음 한 켠이 다시 쓸쓸해졌다.

'제발 이번이 마지막이 되도록. 제발.'

최강민은 카드를 꺼내들고 가까운 ATM 코너를 찾아갔다. 그리고 현금서비스를 받았다. 카드 한 개로는 되지 않아서 세개를 들고 돈을 뽑아야 했다.

"아, 여보쇼, 거 기다리는 사람도 좀 생각합시다!"

어느새 뒤에 세 사람이나 기다리고 있었다. 말을 꺼낸 사람은 중년의 남자였다. 아마도 최강민이 뭉칫돈을 뽑아내는 것을 보고 기다리기 지루해 투덜대다가, 다시 두 장의 카드를 더 꺼내니 화가 난 것 같았다. 최강민은 자기도 모르게 얼굴이 붉어져 자리를 양보했다.

회사로 돌아가 금고에 돈을 넣어두고 밖으로 나왔다. 여전히 가슴이 갑갑했다. 하지만 약해져서는 안 된다. 문제가 뭔지 모를 때는 절망 속에서 빠져나올 수 없었지만 지금은 다르지 않은가. 변해야겠다는 목표가 있고, 문제가 무엇인지도 알았다. 그리고 어떻게 해야 할지 해결 방법도 탐색 중이다. 여기서 기운을 잃으면 안 된다는 생각을 하며 최강민은 힘껏 주먹을 쥐었다. 어느새 3월의 봄기운이 저 멀리에서 다가오고 있었다.

처음 맛보는 기쁨

회사 안마당에 유진테크론의 전 직원이 한자리에 모였다. 최강민은 송 대표와 함께 탁구라켓을 옮겨왔다. 사실 최강민은 오늘 아침, 송 대표의 가방을 보고 실망을 감출 수 없었다. 송 대표가 탁구채라고 부른 것은 세숫대야보다 조금 작은 플라스틱 재질의 동그란 원반에 손잡이로 쓸 수 있는 줄이 달린 기구였다. 겉보기에는 너무 평범해서 도대체 이것으로 무엇을 할 수 있다는 것인지 이해할 수가 없었다. 그것은 직원들도 마찬가지였다. 최강민이 탁구채를 들고 직원들 앞에 펼쳐놓자 직원들이 웃기 시작했다.

"에이, 뭐예요. 사장님."

"그러게요. 이거 뭐 애들 장난도 아니고."

하지만 직원들의 말을 들으며 송 대표가 앞으로 나섰다.

"여러분의 마음도 이해가 안 가는 게 아닙니다. 제가 여러 다른 회사에서도 이 프로그램을 진행해보았는데 처음엔 모두들 여러분이 보인 반응과 똑같았거든요."

송 대표는 계속 말을 이어나갔다.

"하지만 오늘 여러분이 직접 이 프로그램에 참가해보신다면 생각이 많이 달라지실 거예요. 그건 제가 장담할 수 있습니다. 가장 중요한 것은 호흡을 어떻게 맞추느냐에 달려 있습니다."

최강민은 송 대표의 그런 여유롭고 자신감 있는 태도에 놀랐다. 직원들은 웅성거리면서도 송 대표의 목소리에 집중하고 있었다.

"지금까지 최고 기록은 469번입니다. 제가 작년에 코칭을 실시했던 중소기업에서 나온 기록인데요. 유진테크론보다 규모가 더 큰 기업이었지요."

송 대표의 말에 직원들이 술렁거리기 시작했다.

"예? 이걸로 탁구공을 오백 번 가까이나 튕겼다고요?"

"뭐예요 송 대표님. 말도 안 돼요!"

송 대표는 웃으며 대답했다.

"아니에요, 정말 맞습니다."

최강민도 자신의 귀를 의심했다.

"오늘 여기 계신 여러분들이 기록을 확실하게 깨보시면 어떨까요? '469'라는 기록을 깬다는 것은 여러분의 잠재력을 증명하는 길입니다. 더 나아가서는 현재 회사의 위기를 극복할 수 있는 힘을 모으는 길이기도 하고요."

송 대표는 계속 말을 이어나갔다.

"게임 방법은 간단해요. 시간 제한은 없습니다. 여기 플라스틱 원반에 탁구공을 올리고 여러분들이 팀을 만들어 팀원들이 줄을 잡고 원형으로 둘러섭니다. 그 다음에는 줄을 잡고 동시에 호흡을 맞추어 탁구공을 튕기는 겁니다. 그렇게 제 자리에서 탁구공을 땅바닥에 떨어뜨리지 않고 계속 튕기면 돼요. 자, 팀 구성은 어떻게 할까요?"

팀은 모두 네 팀으로 나누기로 했다. 생산팀 여덟 명과 영업팀 여섯 명, 그리고 관리팀 다섯 명과 기술개발팀 여섯 명이었다. 여기에 최강민은 사람 수가 적은 관리팀으로 들어가 함께하기로 했다. 첫 번째 하기로 한 팀은 기술개발팀이었다.

"야, 이거 갑자기 꼭 일등을 하고 싶은데요?"

"그러게요. 근데 잘 되려나 모르겠어요."

그렇게 기술개발팀은 몇 번 호흡을 맞추어보고 경기를 시

작했다. 그것은 생각보다 쉽지 않았다. 팀원 모두가 구령 소리
에 맞추어 함께 탁구공을 튕겼다가 그 탁구공이 떨어지는 자
리로 다시 신속하게 움직여 탁구채를 갖다 대어야 했다. 하지
만 한 사람이 아니라 여러 사람이 움직이는 것이기 때문에 호
흡을 맞추기란 쉽지 않았다. 발이 뒤엉키기 일쑤였고 한 사람
이라도 균형을 잃으면 나머지 사람까지 영향을 받게 마련이었
다. 하지만 그와 동시에 게임에 대한 집중력도 높아만 갔다. 시
큰둥해 있던 직원들은 어느덧 기술개발팀을 중심으로 둥그런

원을 만들고 있었다. 그리고 한 번씩 공이 튕겨질 때마다 입을 맞추어 구령을 붙여주었고 균형을 잃고 흔들리면 다함께 안타까운 소리를 내며 경기에 집중했다.

"어어어! 거기 조심."

"그래그래, 잘한다!"

기술개발팀은 100회가 넘어가자 직원들 입에서는 신기하다는 웃음이 터져나오기 시작했다. 고작해야 이삼십 회를 넘기지 못할 것 같다고 생각했는지 기술개발팀 직원들도 스스로 신기해하며 웃고 있었다.

"와하하! 이크크!"

하지만 결국 기술개발팀 중 한 명이 균형을 잃고 뒤로 넘어지는 바람에 125회에서 경기는 중단되었다.

"뭐야, 이거 생각보다 힘들잖아!"

"그래도 재미있는데요! 여러분, 할 만합니다."

기술개발팀 직원들은 이마에 땀을 훔치며 웃었다. 보고 있는 사람들도 흥미를 보이기 시작했다.

다음은 영업팀과 관리팀이었다. 영업팀 다섯 명은 모두 젊은 사람들이어서 그런지 팀워크가 좋았다. 다른 사람들도 놀랄 정도로 이들의 몰입은 대단했다. 100 단위를 쉽게 넘어서더니 금세 200 단위로 올라섰다. 그리고 순식간에 250으로 넘어가더니 이제는 300을 넘어 360을 지나고 있었다. 숫자가 늘어갈 때마다 모든 직원들의 응원 목소리가 높아만 갔다. 최강민도 직원들과 함께 응원에 힘을 보탰다.

영업팀의 기록은 자그마치 389회였다. 모두들 신기하면서도 놀라워하고 있었다.

"와, 이게 되네요."

최강민이 이야기를 꺼내자 다른 직원들이 말했다.

"이번에는 사장님이 기록을 깨주세요."

"맞습니다. 사장님! 사장님!"

직원들이 어느덧 최강민을 연호하기 시작했다. 최강민은 소매를 걸어 부치고 관리팀과 줄을 잡았다. 여직원 둘에 최강민을 포함해서 남직원이 넷이었다. 전체 팀 중에서 인원수는 제일 작았지만 그만큼 호흡을 맞추기는 쉬울 것 같았다.

"자, 갑시다! 우리가 기록을 깹시다!"

최강민은 신중하고도 힘차게 탁구공을 튕기기 시작했다. 그런데 최강민의 각오와는 달리 경기는 너무도 쉽게 끝나고 말았다. 직원 중 한 명이 뭐가 그렇게 웃긴지 웃음을 참지 못하고 줄을 놓치고 만 것이다.

"뭐야, 현호 씨. 왜 그래?"

최강민이 씩씩거리며 넘어진 직원에게 손을 내밀었다.

"하하, 죄송합니다. 사장님이, 사장님 그 눈썹이……."

"내 눈썹이 왜?"

"탁구공이 떨어졌다 올라갈 때마다 제 맞은편에 계신 사장님 눈썹도 같이 움직이잖아요. 그런데 그게 너무 웃겨서……."

"뭐, 뭐야?"

최강민도 어처구니가 없어서 큰 웃음을 터뜨리고 말았다. 함께 있던 다른 직원들도 크게 웃으며 말했다.

"맞아요, 사장님 뭔가 몰두하실 때 그 시커먼 눈썹이 덩달아 움직이신다니까."

"그거 모르셨죠? 우리 직원들은 다 알고 있었는데."

"그런 걸 알고 있었단 말예요? 제가 그랬어요? 하하하, 암튼 이번 실패는 저 때문이네요. 죄송합니다. 여러분!"

최강민은 고개를 숙여 직원들에게 사죄를 했다. 그 모습이 웃겨서 모든 직원들이 함께 웃었다. 지켜보던 송 대표도 함께였다.

마지막 팀은 생산팀이었다. 그들을 보며 최강민은 여덟 명이나 되는 사람이 모두 줄을 잡고 하는 것이 과연 가능할까 싶은 생각을 했다. 그때였다.

"사장님. 죄송한데 제가 빠지면 안 될까요?"

그것은 바로 생산부의 최고 연장자인 양진숙이었다.

"왜요? 제일 어른이 빠지시면 어떡해요?"

"그래서 빠지려고요. 저 때문에 기록이 안 나오면 안 되잖아요."

그러자 가만히 듣고 있던 생산부 직원 중에 한 사람이 말했다.

"안 돼요. 양 주임님 빼고 우리끼리 기록 내면 그게 무슨 소용이에요."

그는 바로 술 먹고 사장실로 쳐들어왔던 직원 중 하나였다. 최강민에게 삿대질을 하며 최강민을 몰아붙이다가 이 대리와 싸움이 붙었다. 최강민은 그가 쓰러져 구급차에 실려 갔던 일을 기억해냈다. 아직까지 감정은 남아 있었다. 그 뒤로 감정의 골을 좁힐 기회가 없었다. 다른 큰 문제들에 신경을 쓰느라 그와의 앙금을 해결하지 못한 것이다. 나중에 이 대리에게 이야기를 들으니 생산부에서 일 잘하기로 소문난 강만호라는 젊은 친구라고 했다. 다만 욱하는 성격이 문제였는데 그게 방향을 잘못 잡아 터진 것이라고 이 대리가 한 말이 생각났다.

최강민은 강만호를 바라보았다. 강만호는 어색한 듯 최강민의 시선을 피하는 것 같았다.

"그래요, 양 주임님이 계셔야 생산팀이 힘을 낼 것 같은데요?"

최강민이 한마디 거들었다. 다른 직원들도 모두 양진숙을 밀어넣었다. 양진숙은 어쩔 수 없다는 표정으로 줄 한 쪽을 잡았다.

"자, 시작합니다!"

하나둘 탁구공이 탁구채 위에서 제자리 뛰기를 할 때마다 직원들은 하나가 되어 숫자를 세어나갔다. 봄바람이 불어와 탁구공이 조금이라도 흔들릴 때면 모두 함께 조심하라고 소리를 질렀고 떨어질 뻔한 공이 다시 되살아날 때는 또 역시 모두 함께 환호성을 질렀다.

"467, 468, 469, 470……, 우와 대단하다!"

정말 믿기 힘든 일이었다. 이미 최고 기록을 경신하고도 한참을 이어가고 있었다. 눈앞에서 기적이 벌어지고 있었다. 다른 팀에 비해 생산팀은 평균 연령이 높았다. 그런데도 떨어질 듯 떨어질 듯 탁구공은 떨어지지 않고 탁구채 위에서 제자리 뛰기를 멈추지 않았다. 이미 생산팀 직원들은 얼굴이 땀범벅이었다. 특히 양진숙은 거의 숨을 제대로 쉬지 못할 정도로 지쳐 보였다.

"그만 하셔도 돼요, 양 주임님!"

최강민은 안타까운 마음에 손나팔을 만들어 소리를 쳤다. 하지만 양진숙은 '괜찮습니다'를 외칠 뿐이었다. 숫자가 하나하나 올라갈수록 직원들은 거의 한 목소리로 숫자를 세고 있었다. 모두들 손에 땀을 쥐며 한 동작 한 동작 놓치지 않겠다는 표정으로 생산팀의 경기를 지켜보고 있었다.

"891, 892, 893, 894!"

어느새 송 대표도 최강민 옆에 다가와 큰 목소리로 숫자를 세고 있었다. 전 직원의 목소리는 하나가 되었다. 최강민은 무엇인가 자꾸만 가슴 속에 벅차오르는 것을 느꼈다. 그것이 무엇인지 알 수는 없었지만 단 한 가지, 아주 뜨겁고, 아주 격렬하다는 것만은 확신할 수 있었다. 처음에는 박수를 치고 휘파람을 불던 직원들은 이제 누구도 소리를 내지 않고 오로지 숫자가 넘어가는 소리에만 귀를 기울인 채 생산팀의 모습을 지켜보았다.

"997, 998, 999, 1000… 1001……."

와아! 하는 소리가 회사 안마당에 가득 찼다. '1000'이라는 소리와 함께 결국 양진숙은 쓰러졌다. 생산팀은 서로 부둥켜안고 방방 뛰고 있었다. 다른 직원들도 생산팀 사람들과 함께 어깨동무를 하고 주먹을 불끈 쥐며 감동을 나누고 있었다. 곧이어 양진숙도 강만호의 부축을 받으며 일어나 웃었다. 땀범벅인 얼굴에 가쁜 숨을 몰아쉬고 있었지만 행복한 얼굴이었다. 송 대표도 눈시울이 촉촉해진 채로 최강민의 얼굴을 바라보며 고개를 끄덕이고 있었다. 최강민은 벅차오르는 감동을 느꼈다. 그것은 분명 지금까지 한 번도 맛볼 수 없었던 진한 감동이었다.

진짜 얻고 싶은 것

전 직원들과 함께 어울렸던 감동은 쉽게 사라지지 않았다. 그날 이후 최강민은 얕은 흥분 속에서 며칠을 지냈다. 그것은 직원들도 마찬가지였다. 모두들 오랫동안 유진테크론이라는 회사에서 함께 일한 사람들이었지만 지금까지는 한 번도 이런 종류의 일체감을 느껴본 적이 없었다. 그런데 송 대표가 제안한 프로그램을 통해서 직원들은 물론 최강민도 새로운 시야가 열리는 체험을 했던 것이다. 게다가 게임이 끝난 이후에는 삼겹살을 먹으며 배불리 식사를 하고 다시 돌아와 사무실 책상을 맞붙여 놓고 부서별 토론을 실시했다. 직원들의 동의가 없었다면 토론은 뺄 생각이었다.

생각해보니 너무 최강민의 의도가 앞서지 않았나 하는 생각

때문이었다. 하지만 직원들이 솔선수범해서 이렇게 끝내서는
안 된다고, 무언가 결의가 필요하다고 앞장서는 바람에 다시
회사로 돌아왔던 것이다. 직원들의 열의에 최강민은 다시 한
번 놀랄 수밖에 없었다. 그리고 깊은 밤이 되어서야 그날 행사
는 모두 끝났다.

옅은 흥분이 차분하게 가라앉자 최강민은 깊은 고민에 빠졌
다. 직원들이 하나로 어우러져 기뻐하는 모습을 보고 최강민은
자신의 마음에 변화가 생기고 있다는 것을 알았다. 그와 동시
에 지금까지 살아온 전 과정에 대한 근본적인 질문이 생길 수
밖에 없었다. 당장 눈앞에 닥친 목표들은 분명했다. 회사를 정
상화시키고, 직원들에게 인센티브도 후하게 주고, 중요한 것은
분명했다. 하지만 뭔가 결정적인 것이 빠진 것 같았다.

'정말 그게 다 일까? 내가 그것 때문에 지금까지 열심히 살
아온 걸까? 그런데 왜 사람을 잃고, 거래가 끊기고, 공장이 망
하고, 직원들은 나를 믿지 않았던 것일까. 내 생각이 바르기만
하다면 모두 되는 줄 알았는데 왜 이런 결과에 부딪친 것일까.
단순히 운이 나빠서 그랬던 것일까?'

기업환경이 나빠졌다는 외부 요인을 무시할 수는 없겠지만

꼭 그것이 전부는 아니라는 생각이 들었다.

'그럼 그동안 나는 무얼 하고 있었나? 지금 내가 놓치고 있는 것은 무엇일까?'

최강민이 생각하기에 바로 그 결정적인 단서를 찾아낸다면 일종의 마스터키를 가진 것처럼 뒤얽힌 회사의 문제들을 해결할 수 있을 것 같았다. 거의 일주일에 가까운 시간 동안 최강민은 내내 그 생각으로 창문을 바라보고 앉아 있기 일쑤였다.

드디어 일주일 만에 송 대표를 다시 만난 날 최강민은 기다렸다는 듯이 말을 꺼냈다.

"송 대표님, 일주일 내내 생각해보았지만 답을 찾을 수 없었습니다."

송 대표는 모든 이야기를 들을 준비가 되었다는 표정으로 귀를 기울이고 있었다.

"지난 일주일 동안 생각이 많으셨던 것 같은데요? 지금 사장님의 얼굴에서 뭔가 생동감이 느껴져요!"

"계속 고민만 했는데 생동감이 느껴진다고요?"

"네, 참 이상하죠? 은은하고 밝은 기운이라고 할까요? 오늘은 무슨 이야기를 하고 싶으세요? 그 이야기를 어서 들어보고 싶은데요?"

최강민은 송 대표의 말에 용기를 내어 일주일 동안 고민했던 문제들에 대해 두서없이 꺼냈다. 마음을 다해 최강민의 이야기를 들어주는 송 대표의 반응에 최강민은 저 깊은 곳에 감춰둔 말까지 모두 다 토해낸 것 같았다.

"최 사장님."

최강민의 말을 다 듣고 난 뒤에 송 대표는 최강민을 불렀다.

"예, 송 대표님."

송 대표는 최강민의 눈을 보고 결심한 듯 말을 꺼냈다.

"최 사장님이 유진테크론을 경영하는 '진짜' 이유가 무엇인지 생각해본 적이 있으세요?"

최강민은 송 대표의 말을 듣고 마음속이 뜨끔해지는 것을 느꼈다. 생각해보니 한 번도 그런 문제에 대해서는 고민해본 적이 없었다. 그저 열심히 일만 하면 된다고 생각했을 뿐이다. 기술 개발하고, 능력 인정받고, 직원들 때 맞춰 월급 주고, 회사 성장하고. 그것만 생각했다.

'진짜 왜 유진을 이끌고 나가는 것일까? 정말 무엇 때문이지?'

최강민이 잠시 멍한 얼굴로 앉아 있자 송 대표는 다시 물었다.

"그럼 질문을 바꿔 볼까요? 최 사장님이 유진테크론을 통해서 '정말로' 얻고 싶은 것은 무엇이지요?"

수많은 생각이 머릿속을 스쳤다. 많은 대답들이 머릿속에 떠올랐다가 사라졌다. 하지만 어느 것도 정답이라는 생각은 들지 않았다. 하지만 생각에 생각을 거듭한 끝에 천천히, 그러나 선명하게 어떤 장면이 떠올랐다. 그것은 바로 일주일 전, 직원들과 함께했던 탁구 프로그램이었다. 그때가 내가 기업을 하면서 가장 행복했던 때라고, 감히 말할 수 있으리라. 그런 생각이 들었다. 최강민은 조심스럽게 입을 뗐다.

"행…… 복입니다."

송 대표는 고개를 끄덕이며 어서 다음 말을 해보라고 눈빛으로 재촉하고 있었다.

"맞습니다. 행복이에요. 기업하는 사람이, 이런 손에 잡히지도 않는 추상적인 말을 쓴다면 비웃을지도 모르시겠지만, 일주일 내내 제 머릿속을 맴돌았던 것이 바로 그 행복이라는 단어였던 것 같습니다. 행복이라는 것이 불가능하다고만 생각했어요. 늘 참고, 고통을 이겨내는 것만이 중요하다고 생각했죠."

최강민은 갑자기 말문이 터진 것처럼 이야기를 쏟아냈다.

"그런데, 그때 우리 직원들이 기록을 깨면서 저와 모든 직원이 함께 어깨동무를 하고 어울렸을 때 말예요. 제 맘속에 어떤 깊은 울림 같은 것이 느껴졌어요. 그들과 강하게 공명하고 있다는 생각이 들었죠. 저는 그때 정말 내가 유진테크론을 하기를 잘했다는 생각을 했어요. 그때처럼 내가 행복하다는 생각을 해 본적이 없었거든요. 그래서 송 대표님 질문에 대답을 찾다가 도착한 장면이 바로 그때 그 장면이었어요. 그래요. 저는 행복을 얻고 싶습니다. 유진테크론을 통해 행복을 얻고 싶어요.”

송 대표는 미소를 지으며 다시 물었다.

“그건 누구의 행복인가요? 최 사장님만의 행복일까요?”

“아뇨. 절대로 그렇지 않습니다. 저의 행복뿐만이 아니라 직원들의 행복이죠. 그리고 고객들도 행복해야겠죠.”

“그럼 지금까지 왜 그런 생각을 하지 못하셨을까요?”

“지금까지를 돌이켜보면……, 맞습니다. 저는 지금까지 늘 우리 직원들에게 참으라고만 말했어요. 조금만 더 참아라, 조금만 더 고생하자. 그런데 제가 회사를 맡고나서 지금까지 늘 그런 식이였죠. 그건 내가 왜 기업을 하는지에 대한 명확한 비전이 없었기 때문이었습니다!”

“신 부장과 고 상무가 떠난 이유도 그런 이유 때문일까요?”

최강민은 깊게 숨을 들이쉬었다.

“예, 그런 것 같습니다. 제가 아직 기업을 이끌어나가는 사장이라는 자리에 대한 준비가 없었던 거죠. 신 부장님과 고 상무님에게 고통을 나누기만을 요구했지 한 번도 행복을 이야기한 적이 없었어요. 기술 개발을 하는 것도, 야근을 하는 것도, 사실은 우리의 행복으로 가기 위한 단계라는 것을 이해시키지 못한 거죠. 어느 순간부터 저 혼자 질주하기 시작한 거예요. 그러면서 제 뜻대로 안 한다, 왜 내 맘을 모르냐고 소리만 질러댔죠. 그러니 아마도 사람들도 많이 지쳤을 거예요. 꿈이 없는데 어떻게 일이 즐거웠겠어요. 게다가 전 언제나 고객만을 우선했기 때문에 우리 직원들한테는 참으라고만 말했죠. 그게 기업의 목표라고, 올바른 거라고 생각했으니까요. 그래서 결국 저도 불행했던 거고요.”

“그래서 직원들과 사장님과 유진테크론을 믿었던 고객들까지 모두 불행했던 거군요. 그럼 사장님이 지금 회사를 통해 얻고 싶은 것은 직원들과 최 사장님, 고객들까지 모두 행복한 거로군요?”

“맞습니다. 그거예요. 제가 바라는 것이 바로 그것입니다!”

송 대표는 함박웃음을 지으며 최강민을 바라보았다.

“최 사장님. 제가 처음 사장님을 만났을 때 했던 말 기억나세요?”

“예? 갑자기?”

"이렇게 말씀드렸을 거예요. 최 사장님 같은 분이 기업을 해야 한다, 사장님이 여기서 포기하면 기업을 할 사람이 아무도 없을 것이다. 그런 취지의 말씀을 드렸죠. 그건 10년이 넘는 제 코칭 경험에서 우러나온 직관으로 최 사장님이 갖고 계신 어떤 점을 제가 미리 간파했기 때문이었어요. 하지만 정확히 무엇인지는 저도 모르고 그런 생각을 했었죠. 그런데 이제 그게 뭐였는지 알 수 있을 것 같네요. 사장님이 갖고 계신 그 '선하고 바른 모습'. 그게 이유였어요. 행복이라고요? 맞아요. 사장님 말씀처럼 그것처럼 추상적인 말이 세상에 없죠. 하지만 그래서 가장 소중한 게 바로 그 단어인 것 같아요. 전 결코 사장님이 추구하는 그 가치가 의미 없다고 생각하지 않아요. 이윤을 내지 못하는 기업은 존재 이유가 없죠. 그건 당연합니다. 하지만 오로지 이윤만이 목표가 되었을 때, 결국 그 기업은 침몰하게 된다고 생각해요. 외형적으로는 계속 발전할지도 모르죠. 하지만 그 이윤이 부도덕한 토대 위에서 발생할 수밖에 없는 것이라면 결국 그 이윤을 얻는 사람도, 그 이윤 추구 과정에서 상처를 받는 사람들도 모두 불행해지겠죠. 그렇게 만들어진 부가 무슨 의미가 있을까요? 그래서예요. 대단하세요, 최 사장님. 제가 한 수 배웠습니다."

"무슨 말씀이세요. 저한테 배우시다니요. 부끄럽습니다."

"아니에요. 사장님이 제 가르침을 받는 제자가 아니랍니다. 그런 수직적이고 일방적인 관계가 아니에요. 제가 처음 사장님께 드렸던 편지에 말씀드린 것처럼 코치는 수평적인 '사고의 동반자'입니다. 다른 말로 하자면 코치와 피코치는 양방향의 관계라고 할 수 있지요. 서로 영향을 주고받는 관계예요. 그래서예요. 사장님만 깨달음을 얻으시는 게 아니라 저도 그만큼 최 사장님께 많이 배운답니다. 함께 성장하는 거죠. 그래서 저도 최 사장님을 만나는 게 즐거워요."

"고맙습니다. 이거 왠지 뿌듯해지는데요?"

최강민은 송 대표의 말에 가슴이 부풀어오는 것을 느꼈다. 든든한 지원군을 얻은 것만 같은 생각이 들었기 때문이다.

"직원과 사장과 고객이 모두가 이기는 기업, 모두가 행복해지는 기업. 이게 가능할까요? 정말 가능한 목표일까요? 불안합니다. 말은 이렇게 했지만, 정말 모르겠어요."

송 대표는 잠시 생각에 잠겼다가 최강민에게 말을 꺼냈다.

"1994년 뉴욕 크리스티 경매에서 우리나라 조선 백자가 99억 원에 낙찰된 일이 있었어요. 도자기 경매사상 최고가였죠. 일반인으로서는 상상도 할 수 없는 금액이죠? 그런데 그 백자는 무엇으로 만들었을까요?”

“예? 당연히, 흙이죠.”

“맞아요. 어떤 흙은 바람에 날려 흔적도 없이 사라지기도 하지만 어떤 흙은 그 예술적 가치를 따질 수도 없는 위대한 작품의 재료가 되기도 하죠. 그리고 그 아무것도 아닌 평범한 ‘흙’으로 백자를 만든 것이 바로 ‘사람’이랍니다.”

사업은 나날이 번창하고 있지만 왠지 모르게 위태롭게 보이기만 하다. 정지할 곳을 모르고 계속 질주하는 경주란 있을 수 없다. 목표를 정해놓고 달릴 때도 있고 멈춰서 숨을 고를 때도 있다. 그래야 장애물을 명확히 알고 그것을 피할 방법을 미리 생각하고 어떤 장애물을 만나더라도 넘을 수 있다.

내가 가장 먼저 알아야 할 사람은 바로 나 자신이다. 사람들은 항상 문제가 생기면 자기 자신보다는 다른 사람에게서 원인을 찾으려는 경향이 있다. 그러나 가장 먼저 돌아봐야 할 사람은 바로 나 자신이다. 그래야 문제의 원인도 제대로 찾을 수 있고 해결방안도 찾을 수 있다. 어려운 위기상황일수록 초심으로 돌아가 현재의 상황을 생각해본다면 보이지 않던 답까지 찾을 수 있을 것이다.

낡은 구두 속 씨앗

행복을 향한 걸음

가만히 되돌아보니 최강민은 아직 중소기업 CEO로서의 준비를 해오지 못했다는 것을 알 수 있었다. 처음 회사에 들어와서는 영업 분야에서 뛰었고, IMF를 거치면서는 기술 개발에 매진했다. 기술 개발할 때도 사장직을 맡고 있기는 했지만 사장으로서 회사를 경영하는 쪽보다는 개발에 무게중심을 두었다. 그래서 경영자로서의 시각을 충분히 갖추지 못한 것이 문제였다. 하지만 이젠 달라져야 했다. 한 기업의 경영자로서 또 한 번 변신을 해야 할 시점에 도달한 것이다. 어쩌면 그동안의 실수들은 경영자가 아니라 개발자로서의 역할에만 충실했기 때문에 발생한 것인지도 몰랐다.

송 대표에게 코칭을 받은 후 최강민은 더욱 자신감이 생겼다. 그 자신감은 자신이 어느 위치에 있는지, 진정한 목표는 무엇인지를 명확하게 파악하고 난 뒤의 감정이었다. 경영자로서 자신을 생각해보니 우선 부족한 점이 많았다. 그것은 일단 쓸데없이 고집이 세다는 것이었다. 그리고 모든 것을 혼자서 결정해왔다는 것. 그 두 가지였다.

"사장님 말씀대로 회사를 통해 얻고 싶은 것이 직원과 사장님과 고객 모두의 행복이라면, 그 목표에 비추어봤을 때 현재 회사가 겪고 있는 어려움이나 문제점은 무엇이라고 생각하세요?"

"사실 생각해보면 저희 회사가 기술 개발이나 영업력은 뒤처지지 않는다고 생각합니다. 하지만 회사의 모든 것을 고객에게만 맞추다보니 정작 고객을 기쁘게 해야 할 직원들과 제가 행복하지 않았다는 것이 문제였던 것 같습니다. 그래서 고 상무님과 신 부장님도 회사를 그만뒀다는 생각이 드네요. 유진테크론에서 행복을 얻을 수가 없었던 거죠. 지난번에도 말씀드렸듯이 문제점은 역시 '대화가 없었다는 것'이 맞습니다. 제대로 된 대화를 나누지 못했다는 거. 그건 어쩌면 우리 유진이 그동안 동맥경화에 걸려있었다는 말과 다르지 않을 거예요. 대화는 우리 몸의 피돌기와 같은 거겠죠."

"와! 훌륭해요. 비유법을 써서 말씀하시니까 훨씬 이해가 빨리 돼요. 앞으로는 그런 방식으로 직원들과도 소통하신다면 최 사장님이 원하시는 목적을 훨씬 부드럽게 성취하실 수 있을 것 같아요!”

“놀리지 마세요. 다 송 대표님께 배운 겁니다.”

“하하. 어쨌든 문제점은 첫 번째 진단과 같은데요. 그럼 문제 해결을 위해 뭘 시도해보셨나요?”

“송 대표님과 함께 이야기를 주고받다가 전 직원이 하나 되는 기회가 필요하다는 생각을 했죠. 그래서 함께 탁구도 쳐봤고요.”

“지금도 그게 가장 좋은 방법이었다고 생각하시나요?”

“예, 최선은 아니었지만 차선이라고 생각합니다.”

“차선이라. 그럼 최선의 방법을 지금 생각하고 계시다는 말씀이네요?”

“프로그램은 훌륭했습니다. 성과도 좋았고요. 하지만 지금 제 목표가 무조건적인 ‘재기’가 아니라 ‘행복’으로 달라진 지금 다시 돌아보니 아쉬움이 남습니다. 탁구 프로그램은 저와 직원들, 직원들과 직원들 사이를 처음으로 단단하게 하나로 묶어주는 놀라운 체험을 하게 해주었어요. 하지만 무조건 하나가 되는 감정만 가지고는 행복이라는 가치를 실현할 수 없다는 생각이 들었습니다. 왜냐하면 저는 또 그런 감정에만 기대어서 예전과 똑같이 행동하려고 했거든요. 자 우리 함께 나갑시다. 우리는 하나니까, 나를 따라서 나아갑시다! 뭐 이렇게 되는 거죠."

"그 프로그램이 잘못된 방법이 아니었는데도 불구하고 최 사장님께서 그렇게 생각하시는 것은 뭔가 새로운 해답을 찾았기 때문인 것 같은데요?"

최강민은 숨을 크게 들이쉬었다가 대답했다.

"자발성이었어요."

"자발성요?"

"예, 직원들의 자발성을 이끌어내는 것이 부족했던 거죠. 그때 했던 게임을 예로 들자면 직원들 스스로가 목표를 설정하게 한 게 아니라 일단 469라는 기록이 먼저 제시된 거죠. 그래도 직원들의 동의가 있었기에 어떤 프로그램에서도 얻을 수 없는 소중한 성과를 얻기는 했습니다. 하지만 그 목표까지 직원들 스스로가 설정할 수 있었다면 더 좋지 않았을까 싶은 생각이 들었습니다. 그러니까 제 말은 그 정도로 직원 개개인이 한 명의 독립적이면서 능동적인 개체로 성장해야 한다는 뜻이지요. 탁구공 튕기는 걸 거의 오백 번을 넘겨야겠다는 목표가 정해지자 불가능하다고 생각했던 그 목표를 향해 모두들 전심전력을 다했거든요? 그때는 감정에 취해 몰랐는데 지나고 다시 곰곰 생각해보니 알겠더라고요. 지금까지 제 방식은 목표를 정해놓고 따라오시오, 하는 거죠. 목표를 정해주는 게 아니라 자발적으로 목표를 정할 수 있도록 깊이 있는 소통을 나누고 동기부여를 하고, 목표를 달성할 수 있는 구체적인 방안을 이끌어내주는 것이 필요하다는 얘기죠. 그게 결국 직원들을 믿는다는 이야기잖아요. 그런데 무슨 1인 기업도 아니고 저 혼자만 좌충우돌 사람들을 이끌어나가려고 했어요. 그러니 직원들도 피곤하고, 저는 저대로 더 힘들고. 469라는 목표를 제시하는 것에서 그치지 않고, 더 근본적으로는 직원들 스스로 목적을 만들어낼 수 있는 수준까지 우리 회사가 발전해야 한다는 것을 알았습니다. 돌이켜보니까 지난 시간 유진테크론의 역사를 사진으로 남겼다고 가정한다면 그 사진첩에는 온통 제 사진 밖에 없을 것 같습니다."

"그만큼 사장님의 목소리만 컸다는 말씀이신가요?"

"맞습니다. 그래서 직원들과 무조건 하나 되는 것이 중요한 게 아니라 '따로 그리고 하나'가 되는 게 중요하다는 것을 깨달았습니다. 우리 회사에는 바로 그게 필요합니다. 개개인의 개성을 존중하고 그 사람들 스스로의 목표설정 능력과 추진력을 적극적으로 믿고 살려나가는 경영을 해보렵니다. 그래야 직원들이 행복해지겠죠. 그러면 자연히 저도 행복해질 것 같아요. 결국 그렇게만 된다면 그 성과는 다시 고객에게도 돌아갈 거라는 확신이 들었습니다. 쑥스럽지만 여기에다가 이름을 붙여봤어요. '더하기 경영'이라고요."

“더하기 경영요?”

송 대표는 호기심에 찬 눈빛으로 되물었다.

“제가 만든 게 아니고요 직원들과 함께 만든 말이죠. 그저께 직원들과 아침 모임을 하면서 송 대표님께 말씀드린 그런 취지의 이야기를 직원들에게 했거든요. 그랬더니 어떤 직원이 그러더라고요. ‘그럼 우린 지금까지 빼기 경영을 했던 거네요. 저희도 힘들고 사장님도 힘들고.’ 그러자 옆에서 듣고 있던 다른 직원은 ‘하지만 지금부터는 더하기 경영을 하시겠다는 말씀이시잖아요? 저희도, 사장님도 고객도 모두 행복한!’ 이렇게 말하더라고요. 저작권료 없이 써도 된답니다, 그 직원이. 하하하”

“좋은데요, 정말. 더하기 경영? 최 사장님의 철학이 쉽고도 간결하게 전해지는 것 같아요.”

“그렇죠? 그렇죠?”

송 대표는 환하게 웃으며 고개를 끄덕였다.

“그럼 그 목표를 달성하기 위해서 구체적으로 어떤 계획들을 생각하고 계신가요?”

“그렇게 물어보실 줄 알았습니다. 그래서 제가 준비했지요.”

최강민은 준비해둔 A4용지를 꺼냈다. 거기에는 그동안 최강민과 직원들이 함께 나눈 결과가 가득했다. 짧게는 분기 목표부터 10년 후 목표까지 적혀 있었다. 또 목표를 이루기 위해 각자의 자리에서 해야 할 역할이 잘 분담되어 있었다.

송 대표는 최강민이 건네준 문서를 보고 놀라움을 표시했다.

"와! 이걸 전부 직원들과 함께 결정하신 건가요?"

"예, 하나하나 제안을 받고 동의를 얻어서 결정한 겁니다."

"대단하세요. 내용들이 다 구체적이고 설득력이 있어서 앞으로가 더욱 기대됩니다. 혹시 이런 것들을 진행하시면서 부딪치게 될 장애물이 있을지 생각해보셨어요?"

"아! 그것까지는 아직 생각해보지 않았는데요?"

"그럼 이 중에서 한 가지만 시험적으로 생각해보시면 어떨까요? 음, 우선 '15분간 새참 타임 활성화' 안건 같은 경우 뜻은 좋은데요, 어떤 문제점이 생길 수 있을까요?"

"원래 생산부 같은 경우 작업에 대한 높은 집중도를 요구해서요. 피로도가 가장 높아지는 10시 10분부터 25분까지, 그리고 오후에는 2시부터 2시 15분까지 정해서 간식과 함께 공식적으로 쉬는 시간을 갖자는 건데요. 이번에 다른 부서도 함께 적용을 하려고 합니다. 그런데 사실, 친밀도를 높이고 서로 의견 교환의 기회를 갖자는 뜻인데 실제로 그게 가능할지는 좀 의문입니다. 자칫 잡담만 할 수도 있을 것 같은데……."

"그렇다면 어떤 보완책이 필요할까요?"

최강민은 잠시 생각에 잠겼다. 그리고 문득, 자신이 최근에 읽고 있는 책이 생각났다. 그것은 송 대표가 추천해준 경영 관련 책이었다. 송 대표는 매달 필독서를 제시하고 최강민은 그것을 한 달 동안 읽은 뒤 요약, 정리하는 리포트를 제출했다. 또한 실제적으로 직접 그 내용을 현실에 적용하는 훈련도 함께 받고 있었다. 그 책들은 모두 현실에 적용 가능한 실용적인 내용을 담고 있어서 최강민의 변화에 큰 힘을 준 책들이었다. 최강민이 생각을 정리하고 좀더 적극적인 마음으로 변할 수 있었던 것은 책의 힘도 컸다. 그런 식으로 책을 활용해보면 어떨까 싶은 생각이 들었다.

"글쎄요, 좋은 글귀나 책의 한 구절을 서로 나눌 수 있도록 자료를 제공하면 어떨까 싶은데요."

그러자 송 대표도 공감의 뜻을 내비쳤다.

"예, 좋은 생각이네요! 하지만 그걸 일일이 사장님께서 하시기에는 힘드실 것 같은데, 도움이 필요하지 않을까요?"

"그렇죠. 제가 다 할 수는 없고. 지금 언뜻 떠오르기에는 영업부의 이 대리가 괜찮을 것 같습니다. 그래요. 영업과장한테 그 친구가 평상시 책도 많이 읽고 자기개발에 노력한다는 이야기를 전해들은 기억이 납니다."

"좋습니다. 그럼 나중에 '15분간 새참 타임 활성화'라는 제안이 성공적으로 실행되었다는 것을 어떻게 알 수 있을까요?"

"아무래도 직원들의 만족도겠죠. 직원들이 행복하다면 그게 바로 목적을 달성한 거겠죠. 정기적으로 사장과 직원 간 일대일 점심 데이트를 시행할 예정이니까 그때 제가 직접 확인해볼 생각입니다."

송 대표는 흐뭇하게 미소를 지으며 강민에게 다시 되물었다.

"그렇게 목표를 달성하신다면 스스로에게 어떤 보상을 하실지 생각해본 적 있으세요?"

"보상이요?"

"네, 직원들만 행복하면 안 되고 사장님도 행복하셔야 되잖아요? 물론 직원들의 행복이 사장님의 행복이기는 하겠지만 그래도 작은 일 하나에도 스스로에게 상을 주는 게 필요하답니다. 그러면 더욱 강력한 동기부여가 되거든요. 여기 보면, '자기 스스로에게 상 주기'라고 적어두셨잖아요? 아직 빈칸인 걸 보면 여기까지는 생각해보지 않으셨나 봐요?"

"맞습니다. 자기 스스로에게 상을 주다니. 준다면 뭘 줘야 하나. 뭐 그런 생각이 들어요. 상을 받는 건 좋기는 한데."

"그야말로 작은 보상이라도 좋아요. 아니, 누가 선물을 좀 하고 싶다고 했을 때 받고 싶으신 게 뭐예요?"

"제게 주는 보상이라……."

최강민은 잠시 고민에 빠졌다.

"가족들과 여행을 가고 싶습니다!"

"그런 행복한 계획을 생각하고 계셨군요!"

"예, 그동안 가족들에게 너무 소홀한 것 같아서. 그리고 긴장을 좀 풀고 재충전을 하는 시간을 갖고 싶습니다."

"그걸 최 사장님 스스로에게 상으로 주시겠다는 거죠?"

"예."

"좋습니다. 이번 일들이 모두 성공적으로 끝나서 최 사장님께서 유럽에서 보내주신 우편엽서를 받을 것 같은 예감이 드는데요? 기대하겠습니다."

"이거 참. 나에게 주는 상이라. 기분이 좋네요. 하하하!"

"저까지 기분이 좋아졌어요. 이제 나머지 제안들도 이런 식으로 풀어나가시면 될 거예요."

하늘이 내려준 기회

하늘에서 내려온 마지막 동아줄? 더 이상 내려갈 곳이 없다고 생각했을 때, 모든 것을 포기하려고 할 때 하늘은 그런 사람에게 두 가지 길을 허락하는지도 모른다. 그 자리에 주저앉는 사람에게는 영원한 절망만을 안겨주지만 그래도 어떻게 해서든 죽을힘을 다해 앞으로 나아가려는 사람에게는 마지막 기회를 허락한다. '하늘이 무너져도 솟아날 구멍이 있다'는 말은 포기하지 않는 자에게만 해당되는 말이다. 그래도 포기하지 않고 여기까지 왔기에 이런 기회가 생긴 것이다. 최강민은 그렇게 생각했다. 모두 오늘 아침에 받은 한 통의 전화 때문이었다.

"정말입니까? 정말입니까!"

믿을 수가 없었다. 그것은 세계 2위의 휴대폰 업체 '에스텀'

사의 한국지사 총괄본부장에게서 걸려온 전화였다. 유진테크론에게 일을 맡겨 보고 싶다는 것이었다. 최강민은 곧바로 에스텀 한국지사를 방문했다. 에스텀은 이번에 모델을 개발하여 유럽과 북미를 비롯한 러시아 시장을 공략하려는 계획을 갖고 있었다. 중요한 것은 새로 디자인 개발된 모델의 컨셉이었다.

"이 모델은 우리 한국의 전통적인 도자기 문양을 적용했습니다. 동양적인 아름다움과 신비함을 컨셉으로 채택한 것이죠. 따라서 고도로 숙련된 제작 기술이 필요합니다. 당연히 기존의 휴대폰 케이스 제작 방식으로는 어렵겠죠."

에스텀의 한국지사 총괄본부장은 최강민에게 최대한 성실하게 회사의 의도를 설명했다. 하청업체를 대하는 태도가 위압적이지 않고 진지하고도 성실해 보였다.

"따라서 한국의 전통적인 도자기 문양을 제대로 구현해낼 수 있는 금형 기술을 가진 여러 업체들을 선정했는데 그중에 당당히 유진테크론도 포함되었습니다. 각 업체가 만든 샘플로 심사를 해 최종 결정되면 선정된 업체는 에스텀의 새 모델 휴대폰 케이스 생산 파트너가 되는 거죠."

"시제품 제출 기간은 언제까지입니까?"

"정확히 2개월 뒤입니다."

"예? 너무 촉박하지 않습니까?"

"휴대폰 시장이 워낙 급박하게 전개되고 있다는 거 아시잖습니까? 게다가 잘 아시겠지만 우리 에스텀은 거의 1년 동안 히트 모델이 없었습니다. 지금 우리가 여기에 총력을 기울이는 이유가 바로 여기 있습니다. 2개월도 최대한 늦춘 겁니다. 어때요? 어렵겠습니까?"

최강민은 자신의 심장이 두근대는 소리를 들었다. 이제부터 유진테크론뿐만 아니라 여러 회사가 경쟁을 시작할 것이다. 최강민은 피가 끓어오르고 있었다. 강한 승부욕이었다. 하지만 강민은 즉답을 피했다.

"내일 아침 9시에 전화를 드리겠습니다. 그래도 되겠습니까?"

"생각할 시간이 필요한가 보군요. 예, 그럼 그렇게 하십시오."

최강민이 회사로 돌아와 제일 먼저 한 일은 개발팀을 소집한 일이었다. 직원들은 무슨 일인가 싶은 얼굴로 사무실로 모였다.

"자, 지금부터 제가 에스텀 한국지사에 다녀온 일에 대해서 브리핑을 하겠습니다."

그것은 분명 최강민이 코칭을 받은 뒤에 달라진 것이었다. 이전까지만 해도 이만한 정도의 수주 건이라면 최강민 혼자 그

즉시 결정해서 곧바로 직원들에게 통보하는 식으로 일을 진행했을 터였다. 하지만 코칭을 받게 된 이후로 그것이 얼마나 잘못된 의사결정 방식이었는지 깨달았다. 설사 최강민의 마음이 이미 결정된 뒤라고 하더라도 가능한 한 직원들의 자발적인 동의가 필요했다. 하지만 최강민은 회사로 돌아오는 내내 결정을 내리지 않았다. 직원들과 이야기를 나눠보고 결정하겠다는 생각을 한 것이다. 그것은 큰 변화였다.

"자, 이렇게 제안을 받았습니다. 이제 여러분들의 의견을 듣고 싶습니다."

최강민의 브리핑을 듣고 개발팀 직원들은 조금 놀란 얼굴로 모두 깊은 생각에 잠겼다. 최강민은 분명 직원들의 의견을 묻고 있었다. 직원들 한 사람 한 사람은 모두 이 일의 타당성에 대해 고민하기 시작했다. 누가 먼저 말을 꺼낼 것인가 눈치를 보는 분위기도 있었다. 하지만 최강민은 부드럽고도 단호하게 말했다.

"여러분, 제가 여러분과 토론을 거쳐 결정한 우리 회사 발전 방안이 지금 거기 책상 유리 밑에 끼워져 있는 거 보이시죠? 오늘도 마찬가지입니다. 여러분이 반대한다면 이 프로젝트는 참가하지 않겠습니다. 여러분의 의지가 없다면 2개월 안에 이런 목표를 달성한다는 것은 불가능하다는 것을 제가 잘 알고 있기 때문입니다. 그쪽에도 내일 아침에 정식으로 의사를 밝히겠다고 말하고 왔습니다.”

최강민은 책상 위에 놓여 있는 물을 들이키고 말을 이었다.

“솔직히 말하자면 지금 속에서 뭔가 불뚝 치밀어오릅니다. 예전 같으면 ‘합시다!’ 하는 제 한마디면 모두 움직였잖아요? 아이구, 그런데 그걸 참으려니까 무슨 금단현상처럼 가슴이 좀 답답하기는 합니다. 아직도 제가 멀었나 봐요.”

강민의 솔직한 말에 살짝 경직되었던 분위기는 풀어졌다. 미소를 짓던 직원들은 곧바로 여러 이야기를 쏟아냈다.

“사장님 말씀대로 2개월은 무리가 아닐까요?”

“그러게요. 지금 거기에 올인하다가는 현재 진행 중인 여러 개발에 차질이 생길 수도 있습니다. 차라리 그 시간에 내실을 다지면서 차분히 가죠. 지금대로만 하면 계획대로 목표를 달성할 수 있습니다.”

“그래도 에스텀은 세계 초일류 기업 아닙니까? 우리한테 이건 기회가 될 것 같아요.”

“그렇죠. 이런 기회가 어디 있습니까?”

“물론 우리에게 엄청난 기회라는 건 알겠는데. 자칫 힘을 낭

비하게 될까봐 그게 문제죠. 그러다 실패하면 모든 계획에 차질이 생기지 않겠어요?”

“하지만 세계 시장을 선도하는 기업 중 하나가 에스텀입니다. 우리 한번 도전해보죠. 세계적인 기업과 파트너가 될 수 있는 기회잖아요.”

“그렇죠. 이번 에스텀은 굴러 들어온 복입니다.”

“저도 동의합니다. 무엇보다도 저는 우리 기술력을 시험해보고 싶어요. 에스텀이 요구하는 가공기술, 조금만 더 애쓰면 될 것 같지 않습니까?”

최강민은 기술개발팀의 이야기를 들으면서 놀라는 마음을 감출 수가 없었다.

‘이 사람들이 정말 우리 직원들이 맞단 말인가? 얼마 전까지만 해도 고 상무와 신 부장을 따라가지 못하고 유진테크론에 남아서 패배감에 시달리며 우울해하던 그 직원들이 정말 맞단 말인가? 더 좋은 조건에 회사를 떠난 동료들 때문에 열등감에 시달리던 그 직원들이 맞단 말인가?’

지금 눈앞에서 벌어지는 토론을 보면서 최강민은 확신할 수 있었다. 모두들 아무 말 없이 시키는 일만 할 때는 때로 무능력해보이기도 했고 늘 수동적인 것처럼 보였다. 하지만 아니었다. 이렇게 적극적이고 깊이 있는 고민을 하고 있었던 것이다. 그런데도 최강민은 이런 직원들과 의견을 나누지 않고 늘 혼자서만 결정하고 혼자서만 고통을 짊어지고 있었던 셈이었다. 최강민은 비로소 사장의 역할을 알 수 있었다. 사장은 혼자서 모든 걸 짊어지고 결정하는 사람이 아니라 판을 깔아주고 각 직원이 자신들의 능력을 최대한 발휘할 수 있도록 지도를 제시해주는 사람이어야 한다. 그동안 최강민은 바로 이것을 놓친 것이었다. 최강민은 마음이 뜨거워지는 것을 느꼈다.

의견은 팽팽하게 대립했다. 정확히 3대 3으로 찬성과 반대가 엇갈렸다. 그때였다. 한 직원이 최강민에게 질문을 던졌다.

"그런데 사장님. 이번 샘플 제작에 현진기기도 참가합니까?"

모두들 현진기기라는 말에 움찔하는 것 같았다. 개발팀에서도 핵심인재라고 생각되었던 사람이 2명이나 떠났다.

"어떻게 알았는지 현진 사장이 먼저 전화를 걸어왔던데요? 잘 해보자는 이야기였습니다."

잠시 동안 분위기가 갑자기 침체되는 것을 느꼈다. 최강민의 마음도 흔들렸다.

"그러면 더 해야지."

잠자코 있던 직원이 말을 꺼냈다. 개발팀의 제일 연장자였다.

"사장님, 우리 이거 합시다. 해요. 한번 덤벼봅시다."

그 말에 울컥한 표정으로 다른 직원들도 고개를 들었다.

"맞습니다. 우리 제대로 한번 붙어보죠. 누가 더 센지요."

최강민은 직원들을 진정시켜야 할 필요를 느꼈다.

"너무 감정적으로 생각하지 말고 이성적으로 결정합시다. 여러분 마음을 모르는 건 아니지만 이건 쉽지 않은 문제예요."

"아니요. 사장님! 3대 3이면 성공하거나 실패할 확률도 반반 정도라는 이야기가 아닙니까? 한번 해보죠."

"솔직히 현진도 한다니까 이거 포기하기 싫습니다. 위드코칭 송 대표님도 말씀하셨잖아요? 99억 원 조선 백자를 만든 것도 '사람'이라고요. 우리가 어떤 사람인지 보여주자고요."

모두들 사무실 벽에 붙여 놓은 액자를 바라보았다. 거기에는 송 대표의 말을 듣고 최강민이 구한 조선 백자 사진이 들어있었다.

"어! 그러고 보니 우리가 개발할 신제품이 한국 전통 도자기 문양을 적용한 휴대폰 케이스라면서요? 우연이긴 하지만 저기 걸린 사진이 뭔가 멋진 앞날을 예고하는 거 아닐까요? 조선 백자를 걸어놓은 휴대폰 케이스 회사는 우리밖에 없을 걸요?"

"뭐야? 그런 억지가 어딨냐? 하하하. 암튼 그래도 기분은 좋네."

"그래요. 합시다. 우리 개발팀 명예를 걸고 한번 도전해보자고요. 사장님도 동의하시는 거죠?"

"야! 사장님 좀 겁먹으신 거 같은데?"

직원들은 모두 웃고 있었다. 최강민은 그런 직원들의 모습을 지켜보면서 마음이 훈훈해지는 것을 느꼈다. 이제부터 유진테크론의 주인공은 최강민이 아니라 직원들이었다. 이 정도면 승산이 있다. 최강민은 크게 웃으며 고개를 끄덕였다.

벽돌 한 장의 힘

직원들 간의 소통을 위하여 결정된 세 가지 방법들은 모두 성과가 좋았다. 오전, 오후 15분간 새참 타임을 갖는 것은 직원들의 호응이 컸다. 하지만 애초에 최강민이 예상한 것처럼 잡담 대신 '의미 있는 문구'를 서로 나누는 것은 그만두기로 했다. 카페 게시판에 직원 한 명이 올린 글 때문이었다. 영업부 이 대리의 준비로 일주일 간 시행해보았지만 오히려 그것이 휴식을 방해하는 결과를 가져왔던 것이다. 15분은 그야말로 어떤 목적을 위해서 쓰지 말고 오로지 휴식을 위해서 '수다'를 나누는 시간으로 하자는 것이 그 직원의 의견이었다. 상당 부분 동의할 수 있는 내용이었다. 그래서 간식을 먹으면서 그야말로 자유롭게 직원들이 대화할 수 있는 시간으로 만들었다.

월별 '비밀친구' 행사도 반응이 좋았다. 초등학교 시절로 돌아간 기분이라고 직원들은 이야기했다. 멀리서 자기 정체를 감추고 비밀친구를 도와주는 일은 도와주는 사람이나 도움을 받는 사람이나 기쁨을 주는 일이었다.

하지만 무엇보다도 생산, 관리, 영업, 기술팀 간의 부서교환 일일체험과 팀장들의 아침 티타임에 대한 반응이 뜨거웠다. 직원들은 돌아가며 다른 부서들을 체험했다. 이 과정에서 다른 부서가 어떻게 돌아가고 있는지 직접 눈으로 보고 느끼는 기회가 얼마나 중요한지 알 수 있었다. 일단 회사가 어떤 방식으로 움직이고 있는지 큰 그림을 그릴 수 있는 것이 좋았다. 이것을 모를 때는 막연히 자신이 회사에서 어떤 의미를 지닌 존재인지 알 수가 없었던 셈이었다. 그저 눈앞에 보이는 일만 의미 없이 수행하는 수동적인 자세를 갖고 있었던 것이다. 하지만 다른 부서를 체험한 뒤에는 유진테크론에서 자신이 어떤 일을 하고 있으며 전체 프로세스에서 자신이 어떤 역할을 하고 있는지 좀더 책임감 있게 인식할 수 있게 되었다고 해도 과언이 아니다. 유진테크론이 그냥 무미건조한 어떤 한 '회사'가 아니라 그 안에 수많은 사람들이 서로 영향을 주고받으며 살아 움직이는 '유기체'임을 알게 되었다. 따라서 자신이 하는 일이 전체 공정에 어떤 영향을 줄 수 있으며 어떤 중요한 역할을 할 수 있는지 자각하는다는 것은 이 유기체를 더욱 생동감 있는 생명체로 만들어나갈 수 있는 초석을 다지는 일과 같았다. 게다가 팀장들의 아침 티타임을 통해 다른 부서의 동료들도 모두 애로사항을 갖고 있으며 지금까지 상대편에 대해서 불평불만으로 지적했던 일들이 사실은 입장을 바꾸어 생각했을 때는 오히려 나의 문제점으로 비칠 수도 있다는 것을 깨달았다는 것도 중요한 성과였다.

직원과 사장 간의 소통을 위한 프로그램도 온라인을 이용하여 적극적으로 시행되었다. 처음엔 의심스러운 눈으로 바라보던 직원들도 실제 최강민이 24시간 내에 답을 달아주는 것을 보고 반응이 달라졌다. 아주 작은 것이지만 사장에 대한 신뢰가 축적된다는 것은 서로에게 좋은 느낌을 주었다. 신뢰야말로 벽돌 같았다. 벽돌이 낱장이라면 아무것도 아닌 것 같지만 이것이 쌓이면 높은 건물도 될 수 있다. 신뢰는 그런 느낌을 주었다. 직원과 사장의 관계가 더 튼튼해지는 것이 느껴졌다.

직원 게시판은 나중에 익명으로 전환했다. 기명보다는 익명이 더 활발하고 솔직하게 의견을 펼칠 수 있는 조건이 되리라는 판단에서였다. 최강민의 판단은 옳았다. 직원들은 더욱 스스럼없이 게시판을 이용했고, 최강민도 성실하게 답글을 계속

달아주었다. 월 1회 칭찬대상으로 선정된 직원에게는 문화상
품권을 주었다. 직원들이 남기는 최강민에 대한 칭찬글은 최강
민에게 큰 힘을 주었다.

　매일 성실하게 사장님이 아침 인사를 하는 것이 참 좋다는
얘기에서부터 퇴근할 때 지하철까지 태워주어서 고맙다는 말
까지 다양한 의견들이었다. 또한 주 1회 직원과 일대일 점심
데이트를 나누는 것은 최강민에게는 더욱 생생한 현장의 의견
을 들을 수 있는 기회가 되었다는 점에서 소득이 컸다. 점심 데
이트에서 예상치 못한 수확을 거두기도 했다. 그건 바로 사장
실로 밀고 들어와 최강민에게 행패를 부렸던 강만호와 의기투
합이 된 것이었다. 강만호는 당시 떠밀리다시피 직원들을 대신
하여 사장실로 쳐들어왔던 것이다. 그 부담감을 떨칠 수 없어
서 술을 마신 것이었고 그 때문에 사건은 더욱 커졌다. 강만호
는 비로소 오래 마음에 담아 두었던 사과의 말을 꺼냈다. 최강
민으로서는 먼저 말을 꺼내준 것이 고마울 따름이었다. 게다가
이야기를 나눠보니 강만호가 생산팀보다는 기술개발팀에서
일하고 싶어하는 것도 알게 되었다. 그동안 생산라인에서 겪
은 실무체험을 바탕으로 직접 제품 개발에 참여하고 싶다는 것
이었다. 그런 생각은 부서교환 일일체험에서 더욱 확고해진 것

같았다. 최강민은 개발팀원들과 의견을 나눈 뒤 전격적으로 그를 개발팀에 배치했다.

눈 깜짝할 사이에 반년이 지나갔다. 최강민이 송 대표를 다시 만났을 때, 최강민은 지금까지의 모든 진행상황을 들려주었다. 가만히 듣고 있던 송 대표는 웃으면서 대답했다.

"네, 좋습니다. 정말 보기 좋아요. 사장님도 그렇고 직원분들도 그렇고요. 계속 그렇게 해나아가세요."

"송 대표님이 이렇게 믿어주시니까 제가 더 힘이 납니다. 지금까지 느낀 거지만 코칭이란 게요, 양약이 아니라 한약 같습니다. 왜 보통 사람들이 양약은 아픈 곳을 찾아 그 균을 죽여서 사람을 치료하는 거라고 하잖아요? 약한 부분을 직접 공략하는 건데 우리 한약은 좀 다른 것 같아요. 양약과는 달리 몸의 건강한 부분의 힘을 더욱 증진시켜 아픈 곳까지 자연적으로 치료되게 만드는 것 같거든요. 코칭이 그런 느낌이에요. 송 대표님을 만날 때마다 힘이 납니다. 점점 건강해지는 느낌이에요."

"감사합니다. 제가 보기에는 유진은 코칭에 대한 흡수 속도가 정말 빨라요. 그래서 제가 감사하죠. 보통 기업의 경우 제일 먼저 '인식전환'을 하고 그 다음에 '행동화', 즉 전환된 인식을 행동으로 옮기는 과정으로 넘어가는데요. 여기에 각각 6개월

씩 모두 1년 정도가 걸린답니다. 하지만 유진은 단 몇 개월 만에 놀라운 변화를 보여주고 계시거든요. 저는 이번 일을 계기로 인간이 얼마나 무한한 가능성을 지닌 존재인지 다시 한 번 깨닫게 되었답니다. 이제 남은 건 이렇게 행동화시킨 것들을 일회성으로 끝내는 게 아니라 계속 유지하는 거예요. 이런 걸 '습관화' 단계라고 해요."

"알겠습니다. 매일 아침 직원들에게 하는 인사도 하루도 빼먹지 않고 잘하고 있습니다. 다른 일들도 끝까지 약속을 지키겠습니다. 제 몸에 익을 때까지 멈추지 않겠습니다."

"아! 방금 사장님께서 중요한 말씀을 하신 거 알고 계세요?"

"제가요?"

"직원들에게 하는 아침 인사를 거르지 않겠다고 하셨잖아요? 그 인사를 처음 시작하셨을 때의 진지하고도 절박한 마음을 잊지 않겠다는 뜻이죠?"

"예, 그렇죠. 이젠 정말 다시는 실수하지 않으려고요."

"그게 중요하답니다. 처음의 마음가짐, 그 초심을 잊지 않는 것! 다시 일어서기 위해서, 그리고 다시 정상에 오르기 위해서 초심만은 꼭 지키세요."

"잊지 않겠습니다. 절대로요."

실패는 해도 후회는 없다

커다란 회의실에는 많은 사람들이 낮게 웅성이며 무언가를 기다리고 있었다. 모두들 긴장된 얼굴로 시계만 쳐다보고 있었다. 최강민은 개발팀장과 이 대리를 대동하고 뒤쪽 출입문 쪽에 앉아 있었다. 자꾸만 숨이 가빠왔지만 애써 마음을 다독이며 진정하려고 노력했다. 그래도 시선이 자꾸만 앞문 쪽을 향하는 것은 멈출 수가 없었다. 금방이라도 앞문이 열리면서 누군가 들어올 것만 같았다. 그러면서 동시에 앞문 쪽 책상에 앉아 있는 사람에게도 자꾸만 눈길이 갔다. 그는 바로 고 상무였다.

현진기기 사장과 함께 앉아서 낮은 목소리로 이야기를 나누는 것처럼 보이는 그 사람. 고 상무가 맞았다. 약 30여 분 전, 회의실로 들어서면서 제일 먼저 눈이 마주친 사람도 고 상무였다. 고 상무는 애써 최강민의 눈을 피했다. 최강민과 눈이 마주치지마자 황급히 시선을 돌렸다.

'결국은 이렇게 만나는구나.'

강민은 고 상무에게 먼저 말을 걸어볼까 싶은 마음도 있었지만 지금은 때가 아니라는 생각이 들었다. 고 상무에 대한 배신감을 다 떨쳐버렸다고 생각했지만 아직도 마음속에 앙금이 남아있다는 것을 알았기 때문이다. 최강민은 한숨을 내쉬며 고개를 내저었다.

오늘은 에스텀에서 요구한 시제품에 대한 평가가 이루어지는 날이었다. 각 업체의 대표들이 한 자리에 모였다. 모두들 초조한 기색이 역력했다. 왜 아니겠는가. 이번 일이 잘 되어 에스텀의 파트너로 선정되면 세계 시장을 향한 첫발을 내디딜 수 있었다. 대한민국의 중소기업으로서는 두 번 다시 잡기 힘든 기회였다. 각 업체 모두 사운을 걸고 총력전을 펼쳤다. 유진테크론도 그랬다. 2개월 동안 개발팀이 보여준 노력은 정말로 대단했다. 그것은 정말 감동이라는 말밖에 할 수 없을 정도였다. 하지만 개발에 참여한 것은 개발팀 직원들뿐만이 아니었다.

2~3일에 한 번씩 각 부서장들과 아이디어 회의를 했다. 부

서장들은 비록 직접 개발에 참여한 것은 아니지만 부서별 모임을 실시하여 직원들이 현장에서 체험한 노하우를 바탕으로 개진한 의견들을 취합하여 개발팀에 전달했다. 유진테크론에 피돌기가 제대로 돌고 있다는 것을 체감한 것이 바로 이 과정을 통해서였다. 이 과정에서 영업부 이 대리와 생산팀에서 개발팀으로 부서를 옮긴 강만호의 아이디어는 큰 역할을 했다.

도자기의 문양을 휴대폰 케이스에 구현하는 과정은 순탄치 않았다. 처음에는 거의 불가능하다는 생각이 들 정도였다. 있는 듯 없는 듯, 은은하지만 빛에서 살펴보면 아주 깊은 맛을 내는 형상을 휴대폰 케이스에 구사할 수 있을 정도의 세밀한 가공 기술이 관건이었다. 그것을 위해서는 역시 금형을 만들어내는 몰드베이스 제작기술이 중요했다. 결국 지금까지 축적된 기술력을 바탕으로 금형의 표면 가공을 10억 분의 1, 즉 나노미터의 수준까지 구현할 수 있도록 해낸 것은 그야말로 쾌거였다. 이전까지 100만 분의 1, 즉 마이크로미터의 수준까지 가공할 수 있는 기술이 개발된 상태였다. 그런데 이번 개발을 통하여 그 정밀성을 더욱 높일 수 있었던 것이다. 하지만 문제는 그런 정도의 세밀함과 강도를 감당할 수 있는 몰드베이스의 소재를 찾는 일이었다. 기존의 재질로는 꿈을 꿀 수가 없었다. 그래서 회의 끝에 몇 가지 재료를 찾아냈고, 그중에서 결정적인 소재를 찾아낸 것이 바로 강만호였다.

"티타늄이라는 재료가 있습니다. 인공위성 연료탱크부터 의료용 정밀기기까지 두루 사용되는 신소재죠. 티타늄이라면 강도와 세밀성, 모두 충족시킬 수 있을 것 같은데……."

그 말을 듣고 전국을 뒤진 사람이 바로 영업부 이 대리였다. 지금까지 전국 업체들을 발로 뛴 경험을 바탕으로 수소문을 하여 국내에서 티타늄 개발 쪽에 최고 기술을 가진 업체를 찾아낸 것이다. 그리하여 어렵게 몰드베이스 제작에 관한 기술제휴를 성사시켰다. 이 모두가 부서 간의 유기적인 의사소통이 없었다면 불가능한 일이었다. 결국 최강민과 개발팀은 시제품을 만들어낼 수 있었다.

하지만 이 정도의 시련은 유진테크론에만 해당되는 것이 아닐 터였다. 지금 회의실에 참석한 30여 개 업체 모두 나름대로 위기를 극복하면서 시제품을 만들어냈다. 모두가 내로라하는 대한민국의 휴대폰 케이스 관련 업체들이 아닌가. 아무튼 이제 개발은 끝났고 바로 오늘, 최종 결정만 남은 셈이다. 최강민은 에스텀으로 오면서 생각했다. 최선을 다했고 후회는 없다. 이번에 떨어진다면 아픔은 남을 것이다. 하지만 이 과정을 겪으면서 직원들과 함께 나눈 공명共鳴은 결코 잊을 수 없을 것이다. 이것을 바탕으로 다음 기회를 또 만들어내면 된다. 기회가 다가오기만을 기다리지 않고 우리가 직접 찾아나서는 것이다. 이젠 두려울 것이 없다는 생각이 들었다.

바로 그때였다. 앞문이 열리면서 본부장이 직원들과 함께 나타났다. 손에는 파일을 들고 있었다.

"오래 기다리셨습니다. 회장님의 최종 결정이 미뤄지는 관계로 바로 오늘 아침에서야 저희도 결과를 통보 받았습니다."

여기저기서 침을 삼키는 소리가 들리는 것 같았다. 시계의 초침이 째깍째깍 흘러가는 소리가 크게 들릴 정도로 실내는 조용했다. 거의 엄숙하다고 할 만큼 적막한 분위기였다.

"예, 그럼 지금부터 최종 결과를 말씀 드리겠습니다. 이번 에스텀의 신제품 생산에 참여하실 기업은 바로……."

회사로 돌아오는 내내 최강민은 정신이 나간 사람처럼 아무 말도 하지 않았다. 사장실로 들어와 직원들에게 소식을 알렸을 때는 마침 오후 새참 타임이었다.

"정말이에요? 정말입니까?"

직원들은 사장실로 다시 한 번 쳐들어왔다. 이번에는 술에 취한 직원들이 하나도 없었지만 모두의 얼굴은 붉게 상기되어 있었다. 눈물을 흘리는 직원도 있었다. 최강민은 사장실 문을 활짝 열고 찾아온 직원들을 모두 한 번씩 안아 주었다. 정말 그러고 싶었다. 최강민은 드디어 제정신이 돌아온 것 같았다. 직원들에게 둘러싸여 환호성을 듣고 있으려니 미친 사람처럼 웃음이 터져나오기 시작했다.

"다시 한 번 정식으로 말씀해주세요. 오늘 결과가 어떻게 되었다고요? 사장님 음성으로 듣고 싶어요!"

"예, 그래요. 다시 말씀드릴게요. 우리 유진테크론이 에스텀의 휴대폰 케이스 파트너로 선정되었습니다!"

직원들의 환호성이 사방에서 쏟아져 나왔다. 박수 소리와 휘파람 소리가 요란하게 울려 퍼졌다. 건물이 흔들릴 정도의 환호였다.

"사장님, 축하드립니다."

"사장님 멋져요. 전 우리가 해낼 줄 알았습니다."

"만세 불러요. 만세 불러요!"

"정말요. 기분 좋아요. 사장님, 행복합니다!"

흥분은 쉬 가라앉지 않았다. 직원들이 다시 현장으로 복귀하고 텅 빈 사장실에 혼자 남았지만 여전히 구름 위에 붕 뜬 기분이 들었다.

'정말일까. 정말 우리 유진테크론이 해낸 건가?'

발표 순간은 스틸 사진처럼 최강민의 머릿속에 남아 있었다. 발표문이 낭독되고, 갑자기 옆에 앉았던 직원들이 환호하고, 최강민은 영문을 모르고 그대로 앉아 있다가 뒤늦게야 상황을 이해했다. '유진테크론'이라는 이름이 사방에서 연호되었다. 저 멀리 고 상무의 얼굴이 다시 보였다. 이를 꽉 깨물고 최강민을 쳐다보더니 이내 시야에서 사라졌다. 그리고 다시 박수 소리가 들렸다.

그런데 이 허전함의 정체는 과연 무엇일까. 최강민은 마음을 진정시키지 못하고 전화기를 들었다.

"송 대표님, 접니다. 유진 최강민입니다."

"아! 네, 최 사장님!"

송 대표는 반가운 목소리로 최강민의 전화를 받았다.

"안 궁금하세요. 오늘 어떻게 되었는지?"

전화기 저편에서 웃음소리가 들렸다.

"글쎄요. 별로 궁금하지 않은데요."

"예?"

"좋은 소식이 아니라면 오늘은 전화 안 하셨을 것 같은데요?

그런데 이렇게 전화하신 걸 보니 결과는 충분히 알겠어요. 그리고 사실, 전화 주셨을 때 벌써 최 사장님의 목소리를 듣고 알았죠. 아! 오늘 됐구나! 좋은 소식이구나!"

"세상에, 이젠 제 목소리만 들으셔도 좋은 일이 있는지 나쁜 일이 있는지 아시는 거예요?"

"코칭 경력이 10년을 넘어가면 그렇게 하기 싫어도 자동적으로 그렇게 된답니다. 그런데 100퍼센트 마음이 행복하지만은 않으신가 봐요?"

"역시 송 대표님이세요. 맞습니다. 사실……, 오늘 몇 개월 만에 고 상무님을 봤습니다."

"그러셨군요. 고 상무님을 본 게 마음에 남았다면, 아직 최 사장님의 마음속에 어떤 문제가 해결되지 않았나 봐요?"

최강민은 한숨을 내쉬었다.

"그 순간에 이겼다는 짜릿한 쾌감만이 저를 지배할 줄 알았는데, 그렇지 않았습니다. 특히 현진기기의 고 상무님을 이겼는데도요. 왠지 고 상무님이 불쌍해 보였다고 할까요? 마음이 썩 편치 않았습니다. 그 순간에 퍼뜩, 고 상무님과의 문제를 해결하지 않으면 지금의 성공이 그냥 단순한 성공에 그칠 것 같다는 생각이 들었어요."

“그래요. 그런 마음을 갖고 계셨군요. 이 문제를 해결하기 위해서 어떤 방법이 필요한지 혹시 생각해보셨어요?”

“사실은, 잘 모르겠습니다. 그래서 좀 답답하네요.”

“네, 제 생각에 이 문제는 조금 더 시간이 필요할 것 같은데, 다음 코칭 때까지 해결 방법을 좀더 고민해보시는 건 어떨까요?”

“예, 그래야겠어요. 암튼 이렇게 송 대표님께 일단 말씀드리니까 뭔가 마음 자세는 달라지는 것 같습니다. 괴로워만 하는 게 아니라 어떻게 해결할 것인가 하는 적극적인 마음을 갖게 되거든요. 예, 다음 주까지 한 번 생각해보겠습니다. 그리고 오늘은 일단 저희 직원들과 함께 자축연이라도 해야겠어요. 그동안 수고한 사람들은 바로 직원들이니까요.”

모두가 행복해지는 법

일주일 동안 최강민은 어째서 고 상무의 일이 마음속에 계속 남아 있는지 생각해보았다. 고 상무와 관련하여 최강민이 할 수 있는 모든 부분을 다했고, 고 상무와의 일을 계기로 많은 부분을 고치고 달라졌다고 생각했는데 아직도 더 무엇인가가 남아 있는 느낌이었다.

'이 문제를 나의 목표에 비추어보면 어떨까? 그렇다면 지금 내가 겪고 있는 괴로움의 정체는 뭐지?'

최강민의 목표는 이제 '행복'이었다. 행복해지기 위해 유진테크론을 경영하고 있는 것이다. 직원과 최강민, 결국은 고객까지 모두 행복해지는 순간을 위해 일을 하는 것이다. 어느 누구 하나 소홀히 하지 않고, 모두가 행복해질 수 있는 어떤 공약 수 같은 지점을 찾아내는 것이 중요했다. 그걸 못해서 지금까지 많은 것을 잃었고, 코칭을 통해 그 문제점을 발견하고 해결책을 찾아왔다.

'그래, 고 상무가 무너지는 것을 보려고 내가 에스텀의 기술을 개발한 것은 아니지 않은가? 어느 한 사람이 피를 흘리고 넘어지는 걸 보는 게 내 목적이 아니지 않은가.'

여전히 마음속에는 고 상무를 향한 원망이 남아 있었다. 신 부장보다 더 믿었던 고 상무였기에 충격이 컸던 것이다. 하지만 이제 그 미움마저 털어버리지 않으면 안 되었다. 그러지 않으면 진정한 성장을 했다고 할 수 없다. 그런 생각이 들었다.

'그럼 고 상무도 행복하고, 나도 행복한 그런 지점이 가능할까?'

문득 그런 생각이 들었을 때, 최강민은 잠시 고민했다.

'그럼 이 문제를 해결하기 위해서 뭘 해야 할까?'

이 지점에서 최강민의 생각은 앞으로 나아가지 못했다. 고 상무와 자신이 동시에 행복할 수 있는 지점이라……. 비로소 3일이라는 시간을 더 보내고 나서야 희미하게 답을 찾을 수 있었다. 그건 바로 이번 에스텀의 계약을 따낸 것과 관련이 있었다. 생각이 떠오르자 마치 필라멘트에 불이 켜진 것과 같은 탄성이 터져나왔다.

'하지만 이게 답이 될 수 있을까? 이게 내가 가진 가치관과 맞는 것일까?'

스스로에게 질문을 던져보니 고개가 끄덕여졌다. 지금 생각한 대로만 한다면 양쪽 모두 행복한 지점을 찾을 수 있을 것 같았다. 거기에 덧붙여 휴대폰 케이스를 만들어내는 다른 업체들은 물론 유진테크론 직원들까지 행복해질 수 있을 거라는 확신이 들었다. 그렇게 된다면 '더하기 경영'이라는 가치에 꼭 부합할 것이다.

'그러면 이걸 어떻게 실행에 옮겨야 할까?'

생각해보니 에스텀을 찾아가 제안을 하고 답을 얻는 데 필요한 시간을 일주일 정도로 잡는 것이 좋을 것 같았다.

'혹시 장애물은 없을까?'

자연스럽게 다음 질문이 떠올랐다. 순간 최강민은 자신도 모르게 웃음이 나왔다. 어느새 자문자답의 방식으로 송 대표와 함께했던 코칭 과정을 자연스럽게 수행하고 있었다. 스스로 생각해도 신기했다. 어느새 코칭 프로세스가 내면화된 것인지도 몰랐다. 송 대표의 말에 따르면 코치가 없어도 코칭 프로세스를 스스로에게 적용할 수 있는 단계에까지 도달하는 것이 코칭의 최종 목표라고 했다. 그것을 셀프 코칭이라고 한다는 이야기가 생각났다. 최강민은 기분이 좋았다. 이런 식으로 혼자서도 생각을 전개해나갈 수 있다는 것이 마음에 들었던 것이다.

에스텀으로서는 쉽게 이 제안을 받아들일 것 같았다. 아마도 고 상무가 자존심 때문에 최강민의 제안을 받아들이지 않을 수도 있다는 데에까지 생각이 미쳤다. 혹시나 그렇게 된다면 최소한 두세 번은 고 상무를 찾아가야 할지도 몰랐다.

'제안서를 만드는 건 관리팀의 도움을 받으면 될 테고, 그러면 목표달성 이후에 나 스스로에게 어떤 보상을 할까?'

거기까지 생각을 펼쳐나가자 최강민은 흐뭇해졌다. 이번 일만 성사된다면 정말 좋을 것 같았다. 모든 사람이 행복해질 수 있을 것 같았다. 이번 일이 계획대로 이루어지고 목표 달성에 성공한다면 자신에게도 커다란 선물을 주리라. 최강민은 이렇게 마음먹었다.

고마운 사람들

"거기 줄 좀더 잡아당겨봐!"

"예, 그쪽에서 좀더 풀어주세요. 예예, 그렇게 천천히 해주세요."

해가 바뀌고 시무식을 준비하는 유진테크론 직원들의 손길이 바빠졌다. 회사 입구에는 한창 플래카드가 걸리고 있었다.

'유진테크론 시무식에 오신 것을 환영합니다'

이윽고 초대 손님들이 하나둘 도착하기 시작했다. 직원들은 모두 나와서 자신이 맡은 손님들을 직접 연회장으로 안내하였다.

"반갑습니다. 환영합니다. 제가 연회장까지 모시겠습니다."

"고맙습니다. 유진테크론에서는 이렇게 직접 직원들 한 명씩 붙어서 손님들을 안내하나 봐요?”

“예, 귀한 손님이시니까 오늘 하루는 제가 끝까지 그림자처럼 따라다니면서 보살펴드리겠습니다!”

연회장은 다름 아닌 유진테크론 대회의실이었다. 거기에는 명패가 부착되어 있었다.

‘비전화합 룸’

그것은 직원들이 회의를 통해 붙인 이름이었다. 오늘은 이 대회의실이 연회장으로 탈바꿈되어 있었다. 벽 곳곳에 색색의 장식을 붙인 것은 물론이고 풍선으로 아치를 만들어 입구를 장식했다.

“어서 오세요! 나종찬 이사님! 먼 길 오시느라 애쓰셨지요?”

“최 사장님이 직접 불러주셨는데 바로 와야죠.”

처음 문에 들어선 사람은 바로 나종찬이었다. 나종찬은 최강민의 환대에 함박웃음을 지으며 악수를 나누었다. 그리고 슬쩍 최강민의 귀에 대고 속삭였다.

“그런데, 우리 서로 존대하니까 참 어색하다. 그치? 그래도 여긴 최 사장 회사니까 내 최선을 다해서 예의를 지켜야지!”

“하하하, 형님도.”

연이어 초대 손님들이 도착하고 있었다. 최강민은 손님들이 도착할 때마다 마음을 다해 환영 인사를 했다. 손님들은 외투를 보관하고, 미리 테이블에 마련된 따뜻한 차를 마시며 몸을 녹였다. 서서히 직원들도 연회장으로 들어왔다. 약속한 손님들은 거의 도착한 것 같았다. 어느덧 실내는 입추의 여지없이 사람들로 가득했다.

드디어 약속한 시간이 되자, 유진테크론의 새해 시무식이 시작되었다. 이번에 영업과장으로 승진한 이 대리가 사회를 보러 앞으로 나가자 직원들의 환호와 박수가 터져 나왔다. 형식적이고 딱딱한 분위기가 아니라 뭔가 화기애애하고 활력이 감돌았다.

"추운 날씨에 먼 길, 유진테크론 시무식에 참석해주신 여러분, 정말 감사드립니다. 지루한 순서 싹 생략하고 바로 본론으로 들어가겠습니다."

사람들의 우렁찬 박수 소리가 들렸다.

"우리 유진의 알맹이 중의 알맹이, 오늘의 유진을 만든 주인공을 모시겠습니다. 최강민 사장님!"

여기저기서 이 과장이 나올 때와는 비교할 수 없는 커다란 박수 소리가 터져 나왔다. 환호성은 비교할 것이 없었다.

"아, 저하고 너무 차이가 많이 난다. 우리 사장님 언제 이렇게 인기를 얻으셨나요?”

웃으며 마이크를 건네받은 최강민은 쑥스러운 미소로 화답했다. 최강민은 천천히 앞으로 나갔다. 모여 앉은 사람들에게 인사를 했다. 그리고 고개를 들었다.

눈에 익은 얼굴들이 거기 앉아 있었다. 창가 쪽으로 제일 먼저 도착한 나종찬이 보였다. 그 옆에는 나종찬의 도움으로 연락을 해서 초대한 경제신문 시절의 인사부장이 있었다. 최강민의 전화를 받고 누구보다 반가운 목소리로 인사를 건네와서 최강민은 기쁜 마음으로 오랫동안 연락하지 못한 죄스러움을 떨쳐낼 수 있었다. 그리고 그 뒤에는 옛날 대성섬유의 김 사장이 보였다. 그때 최강민이 박스더미에서 구해준 김 사장의 아들은 작년 가을에 결혼을 했다고 이야기해주었다.

그리고 중앙에는 홍두식 사장이 있었다. 유진테크론을 최강민에게 맡기고 캐나다로 이민을 간 홍두식 사장은 그곳의 생활에 만족하며 잘 살고 있었다. 그는 최강민의 연락을 받고 한국에 들어왔다. 그동안 한국 소식이 궁금하던 차에 잘 되었다며 너털웃음을 지었지만 최강민은 홍두식 사장이 어려운 걸음을 했다는 것을 누구보다 잘 알고 있었다. 홍두식 사장은 최강민이 전해준 유진테크론 소식에 눈물을 흘리며 고맙다는 말만을 되풀이했다. 바로 어제 시내의 음식점에서 만난 두 사람은 한 동안 힘껏 껴안고 말을 잇지 못했다.

그리고 그 뒤쪽으로 양진숙과 김선미가 보였다. 유진테크론의 최고 고참으로 탁구 게임에서 놀라운 집중력을 보여준 양진숙은 사실상 직원들이 화합할 수 있는 기틀을 만들어주었다는 것을 최강민은 잘 알고 있었다. 나중에야 알았지만 영업사원 시절부터 사장이 될 때까지 최강민을 지켜본 양진숙이 어떻게든 최강민을 돕고 싶었던 모양이었다. 그래서 정말 사력을 다해 탁구공을 좇았던 것이다. 양진숙의 이야기를 듣고 최강민은 울컥 북받치는 감정을 참을 수가 없었다. 그렇게 고마운 사람이 양진숙이었다. 양진숙을 통해 연락이 닿아 김선미는 다시 회사에 복귀할 수 있었다. 양진숙은 환한 얼굴로 최강민을 바라보고 있었다.

뒷문 바로 옆에는 고 상무와 신 부장이 앉아 있었다. 생각해 보면 그 두 사람이 유진테크론의 시무식에 참여한다는 것은 그 자체로 정말 놀랄 만한 일이었다. 그렇게 된 데에는 최강민의 공이 컸다.

몇 개월 전, 최강민은 송 대표와의 코칭을 통해 그때까지 고민하던 내용에 대한 결론을 내렸다. 그리고 제안서를 들고 에스텀 본부장을 찾아갔다.

"뭐라고요? 몰드 베이스 제작만 유진테크론에서 하겠다고요? 그럼 제품 생산은요?"

에스텀 본부장은 깜짝 놀란 얼굴이었다. 최강민은 숨을 가다듬으며 대답했다. 그리고 제안서에 정리해놓은 내용을 압축해서 말하기 시작했다. 그때의 일이 떠올랐다.

"에스텀 시제품 제작에 참여했던 업체 중에서 현장 실사를 거쳐 5개 업체를 선정하는 겁니다."

본부장은 잠시 생각에 잠긴 듯했다.

"……."

"그렇게 된다면 모두에게 플러스가 됩니다. 일단 에스텀으로서는 당연히 납품 기일을 앞당길 수 있습니다. 같은 비용으로 저희 유진테크론 단일 공장에서 생산할 때와는 비교할 수 없는 생산력을 갖게 되는 거죠."

최강민은 자신의 구상을 풀어나갔다. 물론 다섯 개 업체 중에는 현진기기가 들어갈 가능성이 높았다. 그것을 위해 고 상무는 다시 뛰어야 할 것이다. 이만한 기회를 제안한다는 것은 고 상무에게 화해의 손길을 내미는 것과 같다는 생각이 들었다.

“그럼 유진은 자기들에게 돌아갈 이익을 상당부분 포기하겠다는 말입니까?”

“에스텀의 물량을 소화하기 위해서는 유진의 생산라인을 늘려야 합니다. 그런데 나중에는 이게 저희에게도 부담으로 다가올 수 있습니다. 휴대폰 시장이 언제 어떻게 요동칠지 모르기 때문이죠. 이런 말씀을 드려서 괜찮을지 모르겠지만, 물량이 늘어나면 괜찮지만 그 반대의 경우는 타격이 큽니다. 이건 제가 지난 두 번의 경험으로 절실히 깨달은 것입니다. 두 번 다 무리하게 생산시설을 증대했다가 문제가 되었죠. 저희가 대량생산 체제에서 고부가 소품종 시스템으로 전환은 했지만 여전히 설비 중심 마인드에서 벗어나지 못했던 겁니다. 이번 기회에 저희 유진테크론은 지식기반의 21세기형 기업으로 확실하게 탈바꿈하려고 합니다. 생산설비 없이 기술지식만 팔아서, 작지만 강한 기업을 추구할 예정입니다. 그렇게 된다면 에스텀에도 이익을 드릴 수 있습니다. 더 먼 미래의 파트너로 유진이 자리매김할 수 있는 가능성이 아주 높아지는 거지요.”

“음. 선정되는 다른 업체들은 당연히 좋아하겠군요.”

“네. 그 업체들로서도 지금처럼 휴대폰 내수시장이 어려운 시기에 든든하고 안정적인 거래처를 갖게 되는 셈이지요. 에스텀은 글로벌 기업답게 대금을 어음으로 지급하지 않고 현금으로 지급하는 걸로 유명하지 않습니까?"

에스텀 본부장은 입을 다문 채 최강민의 말을 듣고 있었다. 그리고 천천히 입을 열었다.

"본사에서 어떻게 결정이 날지는 모르겠지만……."

최강민은 본부장의 입을 바라보았다.

"제가 생각할 때는 참 매력적인 제안입니다. 어떻게 이런 생각을 하셨죠? 3자가 모두 웃을 수 있는 제안이라니. 이렇게 긍정적인 발상을 어떻게 하신 겁니까?"

"그럼, 긍정적으로 검토해주실 수 있는 겁니까?"

"예, 본사에 보고하겠습니다. 최 사장님, 느낌이 좋습니다. 생각보다 더 훌륭하신 분인데요? 앞으로 우리 에스텀과 지속적인 파트너십을 유지할 수 있었으면 좋겠습니다."

그렇게 해서 현진기기는 기사회생할 수 있었다. 5개 업체 가운데 하나로 선정이 된 것이었다. 고 상무와 신 부장 정도의 실력이라면 충분히 현진기기를 순위 안에 올려놓을 수 있을 거라는 확신이 있었기에 가능한 일이었다. 물론 고 상무가 최강민의 마음을 읽고 일을 거절할 수도 있는 노릇이었다. 하지만 현

진기기가 에스텀의 생산 파트너로 선정되고 얼마 지나지 않아
고 상무가 최강민을 찾아왔다.

"어떻게 해도, 할 말이 없습니다. 사장님. 저를 용서해주세요."

고 상무는 거의 무릎을 꿇다시피 최강민 앞에 고개를 숙였
다. 최강민은 콧날이 찡해지는 것을 느꼈다. 한때, 자신의 상사
였고, 또한 동료로서 어려운 시절을 함께 보낸 사람이 고 상무
였다. 사장으로서의 자질을 갖추지 못해서 그를 아프게 한 것
도 최강민이었고, 그래서 그를 내쫓은 것도 어쩌면 최강민인지
도 몰랐다.

'아! 내가 고 상무님께 듣고 싶은 말은 미안하다는, 바로 그
한마디였구나. 진심에서 우러나온 그 한마디를 그토록 기다렸
던 거구나!'

이제 과거는 과거로 흘려보낼 수 있을 것 같았다. 그토록 오
랫동안 마음속에 남아 최강민을 괴롭혔던 문제를 드디어 기억
저편으로 편안하게 배웅할 수 있을 것 같았다.

"지난일은 잊어버리시죠. 우린 오늘 처음 만난 사람입니다.
그럼 되겠지요? 이제부터 정말 새롭게, 세상에 둘도 없는 동료
가 되면 되잖습니까!"

"정말 죄송합니다, 죄송합니다. 사장님. 제가 어떻게 감히 유

진을 잊겠습니까. 지금까지 한 번도 유진을 잊은 적이 없었습니다. 그리고 앞으로도 마찬가지고요. 어디에 있든지, 어느 순간이든지 사장님을 응원하겠습니다.”

그렇게 두 사람은 서로 화해의 악수를 나누었다. 지금, 고 상무가 최강민을 향해 웃으며 고개를 끄덕이고 있었다. 옆에 앉은 신 부장도 쑥스러운 표정으로 최강민을 바라보고 있었다. 그는 주먹을 쥐고 파이팅을 외쳤다.

솔개는 가장 장수하는 조류로, 최고 70년까지 산다고 알려져 있다. 하지만 40년 정도 살고 나면 발톱이 노화하여 더 이상 사냥감도 낚아챌 수 없고, 날개도 무거워져 하늘로 날아오르기조차 힘들어한다. 그렇다면 솔개를 기다리는 것은 두 가지 선택밖에 없다. 앉아서 죽는 날을 기다리든지, 아니면 고통의 과정을 거쳐 다시 사냥할 수 있도록 변신하는 것이다. 후자를 선택하는 솔개는 길어진 부리로 바위를 쪼아 새로운 부리가 날 수 있게 하고, 또 그렇게 하여 발톱이 새로 돋아나면 그 발톱으로 깃털을 하나씩 뽑아낸다. 그렇게 6개월의 고통스러운 과정을 거쳐 30년을 더 사는 것이다.

동물이든 사람이든, 또 조직이든 개인이든 이처럼 변화의 과정은 고통과 인내의 시간이 따르는 법이다. 중요한 것은 내가 먼저 변화하는 것이다. 진정한 변화의 중심에는 모든 시작의 첫 마음 '초심'이 있다. 초심을 잃지 않을 때 지속가능한 변화와 성장이 함께한다.

다시 찾은 낡은 구두 한 켤레

모든 사람들의 눈이 최강민을 향하고 있었다. 그동안의 시간이 주마등처럼 스쳐지나갔다. 영화 속 장면처럼 수많은 필름들이 되감기며 지나간 시간을 펼쳐놓고 있었다. 그리고 지난해에는 정말 많은 일들이 있었다. 유진테크론은 계획대로 매출 100억과 순이익 10억을 달성할 수 있었다. 최강민은 목표달성 축하 자리에서 직원들에게 그동안 생각하고 있던 내용을 말했다.

"우리의 목표가 달성되면 유진의 이익을 모두 이 자리에 계신 여러분께 되돌려드리겠다는 약속했던 거 기억하시죠? 우리 직원들 중에서 한 명을 뽑아 1년 동안 해외연수를 보내드린다는 거였습니다. 선진국의 보다 나은 기술을 배워서 그 직원도 발전하고, 그 직원이 배운 기술을 회사에 적용시켜 회사도 발전하고자 하는 생각에서 회사 차원에서 기획하고 있던 아이디어였습니다. 지난달에 회사 전 사원들을 대상으로 설문조사를 했었죠. 우리 회사의 해외연수 프로그램의 첫 번째 주자를 가리는 평가지였습니다. 여러분들이 제출해주신 설문지와 저희 임원들이 제출한 명단을 종합해서 선정을 끝냈습니다. 드디어 오늘 그 첫 번째 해외연수 프로그램의 수혜자를 발표하겠습니다. 강만호 씨 앞으로 나오세요."

강만호는 믿어지지 않는다는 표정으로 일어서서 최강민을 바라보았다.

"이제 해마다 한 명씩 직원들을 선정하여 지원하겠습니다. 자, 우리의 첫 번째 해외 연수자를 위해 더 큰 환호를 보내주세요. 만호 씨, 얼른 앞으로 나오세요!"

직원들은 큰 박수와 환호로 강만호를 축하해주었다.

"아이 참! 사장님, 저희들 목 빠지겠어요. 아니 아무 말씀도 안 하시고 사람들만 그렇게 둘러보시면 어떻게 해요!"

그 목소리는 사회를 맡은 이 대리였다. 최강민은 미소를 지으며 말을 꺼냈다.

"죄송합니다. 이 앞에 서니까 정말 만감이 교차하네요. 제가 잠시 마음이 뜨거워져서요."

"하하하, 사장님! 눈이 뜨거워지신 것 같은데요? 지금 너무 기뻐서 살짝 눈물 흘리신 거죠?"

"어! 제대로 들켰네요!"

연회장은 웃음소리로 가득했다. 최강민은 그렇게 환하게 웃고 있는 사람 중에서 위드코칭의 송지숙 대표 얼굴을 발견할 수 있었다. 그녀는 최강민이 바로 이 자리에 설 수 있도록, 그야말로 가장 큰 힘을 준 사람이었다.

"그럼 몇 마디만 간단하게 하겠습니다."

최강민은 목청을 가다듬고, 이야기를 시작했다.

"여러분. 지금 이곳에는 이 세상에서 제가 가장 존경하고 사랑하는 사람들로 가득 차 있습니다. 세상에! 저에게 이런 행복한 순간이 오리라고는 생각해본 적이 없는데, 이런 일이 저에게도 일어나고야 말았습니다."

최강민은 다시 한 번 많은 사람들과 눈을 마주쳤다.

"한 분 한 분 이 자리에서 호명하면서 제 고마움을 일일이 표현하고 싶지만 그러면 여러분들이 배가 고파서 이 자리에 앉아 계시지 못할 것 같습니다."

여러 사람들이 박수를 치며 웃음을 터뜨렸다. 최강민은 웃음이 잦아들기를 기다렸다가 드디어 마음속 깊이 담고 있었던 말을 꺼내기 시작했다.

"여러분께 잠깐 양해 말씀을 드려야겠는데, 특히 앞자리에 앉으신 분들은 냄새가 나더라도 좀 참아주세요."

최강민은 부스럭거리며 준비해온 쇼핑백 속에 손을 넣었다. 그곳에서 나온 것은 낡은 구두 한 켤레였다.

"여러분이 보시기에도 진짜 많이 낡았죠? 이게 바로 제 첫 직장이었던 경제신문사 영업사원 시절 신던 신발입니다. 부장님, 기억나세요?"

최강민의 호명을 받은 인사부장은 웃으며 고개를 끄덕였다.

최강민은 감개무량한 듯 목소리를 가다듬었다.

"누구에게나 개인적인 추억이 담긴 소중한 물건들이 있을 것입니다. 저한테는 이 신발이 그렇습니다."

최강민은 낡은 구두를 내려놓고 말을 계속했다.

"정말 이를 악물고 뛰어다녔습니다. 가진 게 없으니까 몸으로라도 때워야겠다는 생각이었죠. 한 달 지난 뒤에 살펴보니 거의 몇 년은 신은 신발처럼 닳아 있었습니다. 그때 인사부장님 방에서 나오면서 제 마음이 얼마나 뿌듯했는지……. 그래, 이게 내 열정의 증거구나. 땀은 사람을 배반하지 않는구나."

최강민은 잠깐 말을 끊었다가 다시 계속했다.

"그런데 어느 순간부터 저는 그런 신발을 신지 않게 되었습니다. 제가 유진의 사장이 되고나서부터였지요. 아닌 척했지만, 어느새 제 마음이 교만해지기 시작했던 겁니다. 사장이 되어 무슨 그렇게 낡은 신발을 신느냐는 말이 듣기 싫었던 거죠. 신발은 점점 깨끗해졌지만 일은 점점 더 제 뜻과는 멀어졌습니다. 도대체 세상의 불행은 모두 저에게만 몰려드는 것 같았던 시절도 있었고요. 그러다가 두 번의 죽을 고비를 넘기고, '코칭'이라는 것을 만났습니다. 그때까지도 이 신발은 잊고 있었습니다. 어디에 처박혀 있는지도 몰랐죠. 하지만 위드코칭의 송 대표님께 '초심'이란 말을 듣는 순간, 정말 어두운 하늘이 갑자기 환하게 열리듯이 제 머릿속에 이 신발이 떠올랐던 겁니다. 그래도 제가 버리지는 않았더라고요. 집에 가서 찾아보니 신발장 구석에 아직도 이 구두가 남아 있었습니다. 그날 밤엔 구두를 껴안고 혼자 좀 울었습니다. 물론 가족들이 모두 잠들기를 기다렸다가요."

최강민은 사람들을 둘러보며 미소를 지었다.

“제가 이 구두를 잊지 않고 늘 곁에 두고 있었다면 어땠을까요? 제가 좀더 열심히 살 수 있지 않았을까요? 좀더 현명하게 사람들을 대하고, 그들의 입장에서 대화를 나눌 수 있지 않았을까요? 제 어수룩하고, 모자라고, 그래서 주눅 들어 있던 초짜 시절을 생각하면서 말이지요. 하지만 그러지 못했습니다.”

최강민은 마음이 뜨거워졌는지 잠깐 호흡을 가다듬었다.

“하지만 여러분, 아직 제가 늦은 거 아니죠? 이제라도 제 구두 다시 되찾았으니까 괜찮은 거죠?”

여기저기서 박수 소리가 터져나왔다.

“오늘의 우리 유진테크론이 있기까지 많은 분들의 도움이 있었습니다. 제가 한 치 앞을 볼 수 없는 어둠 속에 있을 때에도 그분들은 저를 믿고 묵묵히 지켜봐주셨죠. 그분들의 지지와 사랑으로 이 앞에 섰습니다. 이젠 이 신발을 사무실 한 켠에 두려고 합니다. 그리고 타성에 젖어들 때마다 다시 보고 첫 마음을 떠올리겠습니다. 처음 이 신발을 신었을 때의 생생한 감각과 활력으로 유진과 함께하겠습니다. 초심을 잃지 않으려고 합니다. 그런 각오로 여러분들을 모셨습니다. 한 해를 다시 시작하는 시무식에 여러분을 모시고 새로운 출발을 선언하고 싶어서였습니다. 여러분이 저와 유진테크론을 지켜봐주세요.

마지막으로 여기 계신 저의 사랑하는 유진테크론 직원들에게
한마디 하고 싶습니다. 제가 코칭을 통해 배운 것이 바로 '사
고의 동반자'라는 말이었습니다. 앞으로 저는 우리 직원들의
'진정한 동반자'가 되어 모두가 행복할 수 있는 기업을 만드는
데 최선을 다하겠습니다. 여러분 모두 사랑합니다. 그리고 정
말 고맙습니다."